P.A.U.L. D. 5

Arbeitsbuch Inklusion

Erarbeitet von:

André Heinemann, Tanja Heinemann, Dr. Camilla Heyer, Christine Kemmer, Sebastian Schulz

Diese Symbole findest du in P.A.U.L. D.

 Hier musst du etwas unterstreichen.

 Hier musst du etwas schreiben.

 Hier musst du etwas markieren.

 Hier musst du dir etwas anschauen.

 Hier musst du etwas gestalten.

 Hier musst du etwas lesen.

 Diese Aufgaben sind etwas schwieriger.

 Die Methodenboxen erklären dir, wie du bei bestimmten Aufgaben vorgehst, zum Beispiel wenn du ein Gedicht untersuchst oder eine Inhaltsangabe schreibst.

 In den Lernboxen stehen Zusammenfassungen der Inhalte, die du in dem Kapitel gelernt hast.

 In den Sprachboxen findest du Wörter und Formulierungshilfen, die du benutzen kannst, um deine Texte zu schreiben.

Druck A[1] / Jahr 2020
Alle Drucke der Serie A sind im Unterricht parallel verwendbar.

Redaktion: Ines Schnecker
Umschlaggestaltung: LIO Design GmbH, Braunschweig
Layout: LIO Design GmbH, Braunschweig
Druck und Bindung: Westermann Druck GmbH, Braunschweig

ISBN **978-3-14-127533-9**

Dieses Symbol im Buch zeigt Kapitel oder Teilkapitel an, in denen Medienkompetenzen besonders gefördert werden.

Inhalt

Wir und unsere Schule – die neue Klasse und Schule kennenlernen

1 Seit einigen Tagen bist du an deiner neuen Schule. Sicherlich hast du viele Wünsche zum Start an der neuen Schule gehört. **Trage** die Wünsche der Schülerinnen und Schüler **ein**.

A Ich wünsche mir, dass die

_____

_____

B Ich hoffe, dass ich

_____

_____

C Ich wünsche mir, dass wir

_____

_____

D Ich hoffe, dass mir die

_____

_____

1 neuen Fächer gut gefallen.

2 einen schönen Klassenraum haben.

3 Lehrer nett sind und mir helfen.

4 schnell neue Freunde finde.

2 **Schreibe** zwei neue Wünsche zum Schulstart in dein Heft.

In diesem Kapitel lernst du
- dich in deiner neuen Schule zurecht zu finden,
- einen Fahrplan zu lesen und
- einen Brief zu schreiben.

Das lernst du in diesem Kapitel

Wer? Was? Wann? Wo? – Die neue Schule erkunden

1 Hier ist ein Plan einer Schule. **Schau** den Plan genau an.

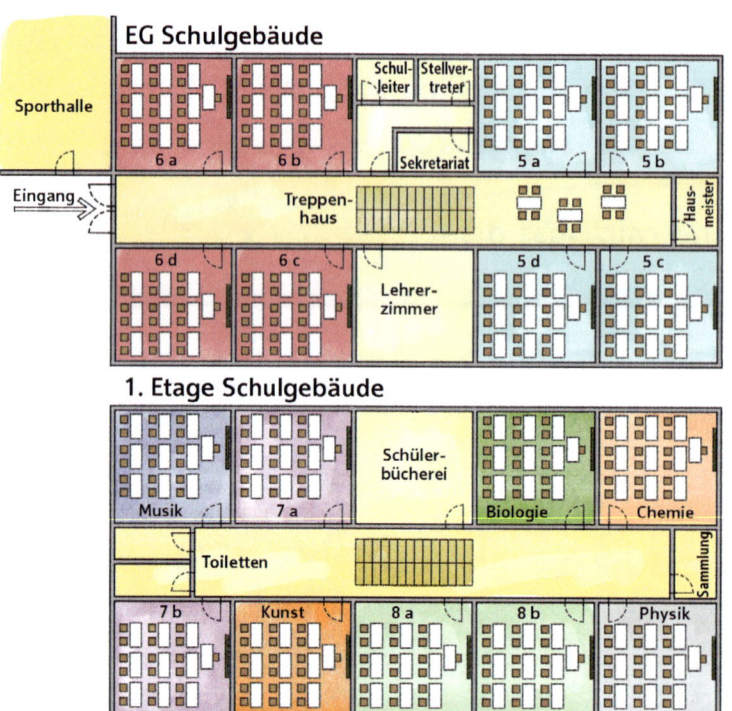

2 **Kreuze an**, ob die Aussagen richtig oder falsch sind.

	richtig	falsch
Der Kunstraum ist neben dem Lehrerzimmer.	☐	☐
Der Klassenraum der 8a ist neben der 8b.	☐	☐
Es gibt zwei Biologieräume.	☐	☐
Der Schulleiter ist in der Nähe des Sekretariats.	☐	☐
Die Bücherei liegt gegenüber von dem Musikraum.	☐	☐
Die Toiletten sind in der Nähe des Musikraums.	☐	☐

3 **Berichtige** die falschen Aussagen in deinem Heft.

4 Zeichne je einen möglichen Weg mit verschiedenen Farben in den Plan. **Markiere** im Kästchen, welche Farbe du benutzt hast.

☐ vom Klassenraum der 5a zum Chemieraum

☐ vom Sekretariat zur Sporthalle

☐ vom Physikraum zum Lehrerzimmer

5 **Beschreibe** die eingezeichneten Wege in deinem Heft. Nutze dazu die Sprachbox.

> Du gehst geradeaus · Geh den Flur entlang · Geh in Richtung · Du biegst rechts / links ab · Du gehst um die Ecke / um die Kurve · Nimm die Treppe · Geh die Treppe hinunter / hinauf · Überquere · Gehe vorbei an · Geh hin zu · Der Raum ist in der Nähe / liegt neben / ist gegenüber

Sprachbox

6 **Beschreibe** Wege in deiner neuen Schule. Schreibe in dein Heft.

a) Wie kommst du vom Eingang zu deiner Klasse?

b) Wie kommst du von deiner Klasse auf den Schulhof?

c) Wie kommst du von deiner Klasse zum Lehrerzimmer?

7 **Schreibe** in dein Heft, wie du von deiner Klasse auf dem Fluchtweg aus dem Gebäude kommst.

8 Auf Fluchtwegen findest du oft Symbole. **Schreibe** die Bedeutung dieser Symbole auf die Linie.

_____   _____   _____   _____

Wie komme ich nach Hause? – Einen Busfahrplan lesen

Im Internet findest du Fahrpläne. Um deine Fahrt zu planen, musst du bestimmte Angaben wissen und eingeben.

Fahrplanauskunft: Suche 🔍

A Bus   Bahn   S-Bahn

B **Start:**
🔍
Standpunkt, Bahnhof, Haltestelle

C **Ziel:**
🔍
Bahnhof, Haltestelle

D **Abfahrt:**
Startzeit: 10:13
Wann möchtest du starten?

E **Ankunft:**
Ankunftzeit: ....
Wann möchtest du ankommen?

F **Start, Suche**

○ **Start:** Hier gibst du deinen Standpunkt ein, von dem du starten möchtest. Das kann eine Adresse, der Name einer Haltestelle, ein Bahnhof oder ein wichtiger Punkt (Rathaus, Museum ...) sein.

A **Suchoptionen:** Hier kannst du zwischen verschiedenen Transportmöglichkeiten wählen: per Bus, Bahn oder S-Bahn.

○ **Ziel:** Hier gibst du ein, wohin du möchtest. Das kann eine Adresse, eine Haltestelle, ein Bahnhof oder ein wichtiger Punkt sein.

○ **Suche:** Mit diesem Feld startest du die Suche. Es werden eine oder mehrere Möglichkeiten, wie du zu deinem Ziel kommen kannst, angezeigt.

○ **Ankunftszeit:** Hier gibst du die Zeit an, zu der du am Ziel ankommen möchtest.

○ **Startzeit:** Hier gibst du die Zeit an, zu der du starten möchtest.

 1 **Ordne** der Fahrplanauskunft die passenden Erklärungen **zu**.

 👁 **2** Hat dein Verkehrsverbund auch einen Online-Fahrplan? **Finde** dort die Angaben aus Aufgabe 1.

An den Bushaltestellen hängen Fahrpläne aus. In diesen Fahrplänen stehen die Abfahrtzeiten der Haltestelle, an der man steht. In diesen Fahrplänen steht auch, wo das Fahrzeug hinfährt.

3 **Ordne** dem Fahrplan die passenden Erklärungen **zu.** Trage dafür den Buchstaben in die Felder ein.

( ) Name der Haltestelle

(A) Name/ Bezeichnung der Buslinie

( ) Richtung, in die der Bus fährt (Strecken-führung)

( ) Stunde, zu der der Bus fährt

(A) **7** **(B)** Rathaus → Bahnhof → Stadttor → Elisabeth-str. → Schule

(D) Stunde	**(C)** Montag – Freitag					
	6	7–16	17	18	19	20
(E) Rathaus **(F)**	6 36	15 45	6 36	6 36	45	
Bahnhof	8 38	17 47	8 38	8 38	47	
Waldplatz	10 40	19 49	10 40	10 40	49	
Stadttor	13 43	22 52	13 43	13 43	52	
Kindergarten	16 46	25 55	16 46	16 46	55	
Elisabethstr.	20 50	30 00	00 20 50	20 50		00
Schwimmbad	24 54	34 04	04 24 54	24 54		04
Schule	26 56	36 06	06 26 56	26 56		06
Buchenstr	28 58	38 08	08 28 58	28 58		08

4 Schau dir den Fahrplan genau an. **Schreibe** die richtigen Zahlen auf die Linie.

( ) Startzeit des Bus-ses an der Hal-testelle in Minuten

( ) Wochentage, an denen der Fahrplan gültig ist (Verkehrstage)

a) Du steigst um 7.17 Uhr am Bahnhof ein. Wann kommst du

an der Schule an? _____

b) Du möchtest vom Waldplatz zur Schule fahren. Wie viele

Haltestellen sind das? _____

c) Du steigst am Rathaus ein. Du steigst um 20.04 am

Schwimmbad aus. Wann bist du eingestiegen?

_____

Mir gefällt es gut ... – Briefe untersuchen

 1 Lisa hat einen Brief an eine frühere Mitschülerin geschrieben. Sie berichtet von ihren ersten Wochen an der neuen Schule. **Lies** den Brief.

A Paderborn, den 12.10.2020

B Liebe Johanna,

C Nach den ersten Wochen an meiner neuen Schule möchte ich dir schreiben, was ich an der neuen Schule gut finde und was nicht.
Die neue Schule ist richtig groß. Am Anfang kannte ich mich nicht aus und habe mich oft verlaufen. Es gibt viele neue Fächer, die in einem Fachraum unterrichtet werden. Das macht richtig Spaß.
Ich habe auch viele nette Mitschülerinnen und Mitschüler in meiner Klasse. In der Pause und in der Mittagspause können wir draußen spielen. Dort gibt es sogar Klettergerüste. Wir haben auch eine Mensa mit Kiosk. Mittags esse ich dort und in den Pausen kaufe ich mir manchmal etwas zu trinken oder zu essen. Das finde ich richtig toll.
Wie gefällt es dir an deiner neuen Schule? Hast du auch **D** schon neue Freunde dort? Schreib doch mal!

E Liebe Grüße
deine Lisa

2 **Ordne** Lisas Brief die Bausteine des Briefes **zu**.

○ **Briefkopf:** Der Ort, an dem der Brief geschrieben wurde, Datum

○ **Schlusssatz:** Der letzte Satz. Beispiel: „Ich würde mich freuen, wenn ...“

○ **Anrede:** An wen der Brief geschrieben ist

○ **Brieftext:** Hauptteil, in dem die Informationen stehen

○ **Grußformel:** Verabschiedung

Schreiben

1 **Schreibe** einen Brief, in dem du über deine neue Schule berichtest. Achte auf die Bausteine eines Briefes.

_____ , den

**Briefkopf:
Ort, Datum**

Liebe/ Lieber

Anrede

Wie geht es dir an deiner neuen Schule? Mir geht es gut.

Brieftext

_____

_____

_____

_____

_____

_____

Schlusssatz

Viele Grüße

**Grußformel,
Unterschrift**

_____

2 Lies nun die Methodenbox und **überprüfe**, ob Fehler im Brief sind.

Fehler korrigieren
Wenn du einen Fehler gemacht hast, **streiche das falsche
Wort sauber durch** und schreibe das richtige Wort darüber.

So gehst du vor

                                        Schule
Nach der ersten Woche an meiner neuen ~~Schulle~~
möchte ich dir ...

Dafür musst du genug **Platz** zwischen den Zeilen lassen.

Ich bin der Meinung, dass ... – den eigenen Standpunkt begründen

 1 **Verbinde** passende Begründungen und Meinungen. Lies dazu die Methodenbox unten.

Meinung	Begründung
Es sollte mehr Pausen geben,	weil es den Raum schöner macht.
Ich finde eine Backaktion super,	weil Spielen so viel Spaß macht.
Ich möchte das neue Buch lesen,	weil alle mitmachen können.
Mehr Spielgeräte wären gut,	denn der erste Teil war spitze.
Im Klassenraum sollten Blumen stehen,	weil man immer lange warten muss bis man dran ist.
Ich finde eine Stunde Mittagspause gut,	da wir dann genug Zeit haben zu essen und zu spielen.

 2 Schreibe die Sätze in dein Heft. **Unterstreiche** die Meinung rot und die Begründung grün.

So gehst du vor

Die eigene Meinung begründen
Wenn du deine **Meinung** sagst, solltest du sie auch begründen. Nenne deine Meinung. Sage nun, **warum** du das meinst oder möchtest. Das nennt man **Begründung**.

Nennung der Meinung: Begründung der Meinung:

Ich möchte ins Kino,   weil der neue Film echt gut ist.

 3 Schau dir das erste Wort in der Begründung an. **Vervollständige** den Satz.

Die Begründungen beginnen mit den Worten _____,

_____ oder _____.

Alles klar? – Teste dich selbst!

Du möchtest einem guten Freund oder einer guten Freundin von deiner neuen Schule erzählen. Dazu schreibst du einen Brief.

1 **Plane** deinen Brief.

Briefkopf:
Schreibe den Ort (deine Stadt) und das heutige Datum auf:

_____

Anrede:
An wen schreibst du deinen Brief?

_____

Brieftext:
Über welches Thema möchtest du schreiben?
Notiere zwei Themen.

1. _____

_____

2. _____

_____

Schlusssatz:

_____

Grußformel und Unterschrift:
Suche eine Verabschiedung aus.
Viele Grüße, Liebe Grüße, Tschüss!, bis bald

2 **Schreibe** den Brief in dein Heft. Achte darauf, auf der Linie zu schreiben, genug Platz zwischen den Wörtern zu lassen und Fehler leserlich zu korrigieren.
Du kannst auch das Arbeitsblatt benutzen.

 Arbeitsblatt
WES-127533-001

Komm mit in eine andere Welt!– Sich mit Märchen auseinandersetzen

👁 **1** **Schau** dir das Bild an. Überlege, worum es in dem Märchen gehen könnte.

✍ **2** Die Geschichte von diesem Mädchen heißt Sterntaler und ist ein Märchen. **Schreibe** in dein Heft, was das Besondere an Märchen ist.

3 **Verbinde** die Märchentitel mit dem jeweiligen Bild.

C

Der süße Brei

A

Dornröschen

Die Bremer Stadtmusikanten

F

B

Hänsel und Gretel

Froschkönig

D

Schneewittchen

E

Das lernst du in diesem Kapitel

In diesem Kapitel lernst du

- Märchen zu lesen und zu verstehen und
- Märchenmerkmale zu erkennen.

Es war einmal ... – Märchen lesen und verstehen

1 **Lies** das Märchen und löse nach jedem Abschnitt die Aufgabe.

Sterntaler
Nacherzählung nach den Brüdern Grimm

Es war einmal ein kleines Mädchen. Die Eltern waren gestorben. Es war so arm, dass es kein Haus mehr hatte, um darin zu wohnen. Es hatte kein Bettchen mehr, um darin zu schlafen. Es hatte nur die Kleider auf dem Körper und ein Stückchen Brot in der Hand, das ihm ein
5 mitleidiger Mensch geschenkt hatte.

2 **Beschreibe** die Situation am Anfang des Märchens. **Kreuze an.**

	richtig	falsch
Das Mädchen hat keine Eltern mehr.	☐	☐
Das Mädchen wohnt in einem schönen Haus.	☐	☐
Das Mädchen hat nur ein Stück Brot in der Hand.	☐	☐
Das Mädchen hat viele bunte Kleider.	☐	☐

3 **Berichtige** die falschen Aussagen in deinem Heft.

Das Mädchen war aber gut und fromm. Weil es allein war, ging es hinaus in die Welt. Es hoffte, dass Gott es beschützen würde. Dem Mädchen begegnete ein armer Mann. Der sagte: „Ach, gib mir etwas zu essen, ich bin so hungrig." Es reichte ihm das ganze Stückchen
10 Brot und sagte: „Gott segne dir's!" und ging weiter.

4 Das Mädchen begegnet einem Mann. Was gibt das Mädchen dem Mann? **Kreuze an.**

☐ einen Hut ☐ einen Schal ☐ ein Stück Brot ☐ ein Eis

Komm mit in eine andere Welt!

A Da kam ein Kind, das jammerte und sprach: „Es friert mich so an meinem Kopf. Schenk' mir etwas, was ich aufsetzen kann." Da nahm das Mädchen seine Mütze ab und gab sie dem Kind.

B Nach einer Weile kam wieder ein Kind und hatte keinen Mantel an und fror. Da gab das Mädchen ihm seinen Mantel.

C Danach bat ein anderes Kind um ein Kleidchen. Da gab das Mädchen auch sein Kleidchen weg.

D Endlich kam das Mädchen in einen Wald. Es war schon dunkel geworden. Da kam noch ein Kind und bat um ein Hemdchen. Das fromme Mädchen dachte: „Es ist dunkel, da sieht mich niemand. Ich kann wohl mein Hemdchen weggeben", und zog das Hemdchen ab und gab es auch noch weg.

5 **Ordne** den Abschnitten oben das passende Bild **zu**.

Und als das Mädchen so stand und gar nichts mehr hatte, fielen auf einmal die Sterne vom Himmel. Aus den Sternen wurden harte, goldene Münzen. Und weil es kein Hemdchen mehr hatte, bekam es ein neues Hemdchen. Das war aus sehr feinem Stoff. Mit dem Hemdchen sammelte das Mädchen die Münzen, die vom Himmel fielen. Es war reich für den Rest seines Lebens.

6 Wie geht das Märchen aus? **Kreuze an**.

☐ Das Mädchen hat am Ende gar nichts mehr.

☐ Das Mädchen ist traurig und weint.

☐ Es fallen Münzen vom Himmel.

☐ Das Mädchen trifft einen Freund, der ihm hilft.

☐ Das Mädchen erhält eine Belohnung.

7 **Verbinde** die passenden Satzteile miteinander.

a) Am Anfang des Märchens ist   viele arme Menschen, denen es hilft.

b) Deshalb geht es   ist das Mädchen reich.

c) Das Mädchen trifft unterwegs   das Mädchen arm.

d) Es fallen Sterne vom Himmel,   in die Welt hinaus.

e) Am Ende des Märchens   die zu Münzen werden.

8 Bringe die Sätze aus Aufgabe 7 in die richtige Reihenfolge und **schreibe** sie in dein Heft.

9 Bei dem Märchen Sterntaler stehen am Rand kleine Zahlen. Das sind Zeilenangaben. **Finde** die Zeilenangaben auf Seite 15 und 16.

10 Finde die Zeilenangaben für diese Textstellen und **trage** sie auf der Linie **ein**.

Es war so arm, dass es kein Haus mehr hatte, um darin zu wohnen.

Zeile: _____

Es hoffte, dass Gott es beschützen würde.

Zeile: _____

11 Warum bekommt das Mädchen diese schönen Dinge? **Vervollständige** den Satzanfang.

Das Mädchen bekommt schöne Dinge, weil _____

_____.

Lesen

1 **Lies** das Märchen Sterntaler von den Brüdern Grimm.

Sterntaler
Brüder Grimm

Es war einmal ein kleines Mädchen. Die Eltern waren gestorben. Es war so arm, dass es kein Haus mehr hatte, um darin zu wohnen. Es hatte kein Bettchen mehr, um darin zu schlafen. Es hatte nur die Kleider auf dem Körper und ein Stückchen Brot in der Hand, das ihm ein
5 mitleidiger Mensch geschenkt hatte.

Das Mädchen war aber gut und fromm. Weil es allein war, ging es hinaus in die Welt. Es hoffte, dass Gott es beschützen würde. Dem Mädchen begegnete ein armer Mann. Der sagte: „Ach, gib mir etwas zu essen, ich bin so hungrig." Es reichte ihm das ganze Stückchen
10 Brot und sagte: „Gott segne dir's!" und ging weiter.

Da kam ein Kind, das jammerte und sprach: „Es friert mich so an meinem Kopf. Schenk' mir etwas, was ich aufsetzen kann." Da nahm das Mädchen seine Mütze ab und gab sie dem Kind.

Nach einer Weile kam wieder ein Kind und hatte keinen Mantel an
15 und fror. Da gab das Mädchen ihm seinen Mantel.

Danach bat ein anderes Kind um ein Kleidchen. Da gab das Mädchen auch sein Kleidchen weg.

Endlich kam das Mädchen in einen Wald. Es war schon dunkel geworden. Da kam noch ein Kind und bat um ein Hemdchen. Das fromme
20 Mädchen dachte: „Es ist dunkel, da sieht mich niemand. Ich kann wohl mein Hemdchen weggeben", und zog das Hemdchen ab und gab es auch noch weg.

Und als das Mädchen so stand und gar nichts mehr hatte, fielen auf einmal die Sterne vom Himmel. Aus den Sternen wurden harte, gol-
25 dene Münzen. Und weil es kein Hemdchen mehr hatte, bekam es ein neues Hemdchen. Das war aus sehr feinem Stoff. Mit dem Hemdchen sammelte das Mädchen die Münzen, die vom Himmel fielen. Es war reich für den Rest seines Lebens.

Die Wassernixe – Märchenmerkmale nachweisen

1 **Lies** das Märchen und sieh dir die Bilder an. Du kannst dir das Märchen auch anhören.

🌐 **Audio**
WES-127533-002

Die Wassernixe
Brüder Grimm

Ein Bruder und eine Schwester spielten an einem Brunnen. Dann plötzlich fielen sie beide in den Brunnen. Da unten war eine Wassernixe. Sie sagte: „Ich hab euch! Jetzt sollt ihr für mich arbeiten und brav sein." Sie nahm die Kinder mit. Sie
5　gab dem Mädchen verknoteten Flachs. Den sollte sie im Spinnrad spinnen. Sie musste auch Wasser im einem Fass schleppen. Das Fass hatte ein Loch. Der Junge sollte einen Baum fällen aber seine Axt war stumpf. Sie bekamen nur sehr harte Klöße zu essen.

10　Die Kinder wollten fliehen. Sie warteten, bis die Wassernixe am Sonntag in die Kirche ging. Die Kinder liefen weg. Als die Wassernixe zurückkam, sah sie, dass die Kinder weg waren. Die Wassernixe lief den Kindern nach. Die Kinder sahen die Wassernixe hinter sich. Da warf das Mädchen eine Bürste
15　hinter sich. Die Bürste verwandelte sich in einen großen Berg aus Bürsten mit vielen Stacheln. Die Wassernixe schaffte es, über den Berg aus Bürsten zu klettern.

Jetzt warf der Junge einen Kamm hinter sich. Der Kamm verwandelte sich in einen Berg aus Kämmen mit vielen Zinken.
20　Die Wassernixe schaffte es, über den Berg aus Kämmen zu klettern.

Das Mädchen warf einen Spiegel hinter sich. Der Spiegel verwandelte sich in einen Berg aus Spiegeln. Da konnte die Wassernixe nicht drüber klettern. Sie dachte: „Ich hole meine Axt und schlage den Berg aus Spiegeln damit kaputt."
25　

Als sie mit der Axt zurückkam und das Glas kaputt gehauen hatte, waren die Kinder schon weggelaufen. Die Wassernixe musste wieder zurück in ihren Brunnen. (verändert)

2 Was passiert in dem Märchen? **Schreibe** die Sätze zu Ende.

Die Kinder spielten _____.

Im Brunnen lebte _____.

Die Nixe _____.

Das Mädchen warf eine Bürste hinter sich, die

_____.

Der Junge warf einen Kamm hinter sich, der

_____.

Das Mädchen warf einen Spiegel hinter sich, der

_____.

Die Kinder konnten _____.

 3 **Ordne** die Märchenmerkmale an die passende Stelle in der Tabelle **ein**. Passende Beispiele sind auf Seite 19 farbig markiert.

Märchenmerkmale	Beispiele
1. Notsituation	
2. gegensätzliche Figuren, Märchenfiguren	
3. zauberhafte Gegenstände	
4. Zahlen: 3 Aufgaben	
5. gutes Ende	

 **4** Finde im Märchen Sterntaler auf Seite 15 und 16 weitere Beispiele für Märchenmerkmale. **Schreibe** sie in dein Heft.

Alles klar? – Teste dich selbst!

1 **Lies** das Märchen und schau dir das Bild an.

Der süße Brei
Brüder Grimm

Es war einmal ein armes, frommes Mädchen. Das Mädchen lebte mit seiner Mutter allein. Sie hatten nichts mehr zu essen. Da floh das Kind
5 wegen der ganzen Not zu Hause in den Wald.

Dort begegnete ihm eine alte Frau. Die kannte die Sorgen des Mädchens und schenkte ihm einen Kochtopf. Das
10 Mädchen sollte zu dem Topf sagen: „Töpfchen, koche". Dann kochte der Topf guten, süßen Hirsebrei. Wenn es sagte „Töpfchen, steh", dann hörte der Topf wieder auf zu kochen.

15 Das Mädchen brachte den Topf nach Hause zu seiner Mutter.
Von nun an waren ihre Armut und ihr Hunger vorbei. Sie aßen süßen Brei, sooft sie wollten. Eines Tages war das Mädchen ausgegangen. Da sagte die Mutter: „Töpfchen, koche". Der Topf kochte süßen Brei und die Mutter aß sich satt. Dann wollte sie, dass das Töpfchen
20 wieder aufhört zu kochen. Aber sie hatte den Spruch vergessen. Also kochte der Topf weiter. Der Brei stieg über den Rand des Topfes und er kochte immer weiter.

Die Küche und das ganze Haus waren voller Brei. Dann das zweite Haus und dann die ganze Straße. Es war, als wollte der Topf die
25 ganze Welt satt machen. Und alle waren in größter Not und Verzweiflung, und kein Mensch wusste sich da zu helfen.
Endlich, als nur noch ein einziges Haus übrig war, da kam das Kind nach Hause und sprach: „Töpfchen, steh". Da hörte der Topf auf zu kochen, und wer wieder in die Stadt wollte, der musste sich durch den
30 süßen Brei hindurchessen. (verändert)

2 Beantworte die Fragen. **Kreuze** die richtige Antwort **an.**

a) Was weißt du zu Beginn des Märchens über das Mädchen?

☐ arm und fromm ☐ glücklich und fleißig

b) Was bekommt das Mädchen im Wald von der alten Frau?

☐ einen Eimer ☐ einen Topf ☐ Tasche mit Geld

c) Was ist das Besondere an dem Topf?

☐ Topf kocht, was man möchte ☐ Topf kocht Brei

d) Was passiert, als die Mutter allein zuhause ist?

☐ langweilt sich ☐ kann den Topf nicht stoppen

e) Wie endet das Märchen?

☐ sie streiten ☐ Mädchen stoppt den Topf

3 **Ordne** die Märchenmerkmale an die passende Stelle in der Tabelle **ein**. Die Textstellen sind im Text auf Seite 21 farbig markiert.

Märchenmerkmale	Beispiele
1. Notsituation	
2. gegensätzliche Figuren, Märchenfiguren	
3. zauberhafte Gegenstände	
4. Zaubersprüche	
5. gutes Ende	

4 **Schreibe** die Zeilenangaben zu den Textstellen in die Tabelle.

Der Wolf ist tot! – Über Märchen sprechen

1 **Lies** das Märchen und schau dir die Bilder an. Du kannst dir das Märchen auch anhören.

Audio
WES-127533-003

Der Wolf und die sieben Geißlein
Brüder Grimm

Es war einmal eine alte Geis und sieben junge Geißlein. Eines Tages wollte sie in den Wald und Futter holen. Sie sprach: „Ich will hinaus in den Wald, hütet euch vor dem Wolf! Wenn er hereinkommt, frisst er euch. Er verstellt sich oft, aber an der rauen Stimme und an den
5 schwarzen Füßen erkennt ihr ihn." Die Geißlein sagten: „Wir passen auf, du kannst ohne Sorge fortgehen."
Es dauerte nicht lange, so klopfte es an der Haustür und jemand rief: „Macht auf, ihr lieben Kinder, eure Mutter ist da und hat jedem etwas mitgebracht." Aber die Geißlein hörten an der rauen Stimme, dass es
10 der Wolf war. „Wir machen nicht auf", riefen sie, „du bist unsere Mutter nicht. Deine Stimme ist rau. Du bist der Wolf."
Da ging der Wolf weg und aß ein großes Stück Kreide, die machte seine Stimme fein. Er klopfte wieder an die Haustür und rief: „Macht auf, ihr lieben Kinder, eure Mutter ist da und hat jedem etwas mit-
15 gebracht." Aber der Wolf hatte seine schwarze Pfote in das Fenster gelegt. Die Kinder riefen: „Wir machen nicht auf, unsere Mutter hat keinen schwarzen Fuß. Du bist der Wolf."
Da lief der Wolf zu einem Bäcker und sprach: „Streich mir Teig darüber." Dann lief er zum Müller und sprach: „Streu mir weißes Mehl auf
20 meine Pfote." Der Müller dachte: „Der Wolf will einen betrügen." Er weigerte sich, aber der Wolf sprach: „Wenn du es nicht tust, fresse ich dich." Da fürchtete er sich und machte die Pfote weiß.
Nun ging der Wolf zum dritten Mal zu der Haustür, klopfte und sprach: „Macht mir auf, Kinder, eure liebe Mutter ist heim gekommen
25 und hat jedem etwas aus dem Wald mitgebracht." Die Geißlein riefen: „Zeig deine Pfote, damit wir wissen, dass du unsere liebe Mutter bist." Da legte er die Pfote ins Fenster. Die Geißlein sahen die weiße Pfote und machten die Tür auf. Da kam der Wolf rein.
Sie erschraken und versteckten sich. Das eine sprang unter den
30 Tisch, das zweite ins Bett, das dritte in den Ofen, das vierte in die Küche, das fünfte in den Schrank, das sechste unter die Waschschüssel, das siebte in den Kasten der Wanduhr. Aber der Wolf fand sie alle. Eins nach dem andern schluckte er; nur das jüngste in dem

35 Uhrkasten fand er nicht. Dann legte sich der Wolf unter einen Baum und fing an zu schnarchen. Da kam die Mutter heim. Ach, was musste sie da erblicken! Die Haustür stand auf: Tisch, Stühle und Bänke waren umgeworfen, die Waschschüssel lag in Scherben, Decke und Kissen waren aus dem Bett gezogen. Sie suchte ihre Kinder, fand sie nicht. Sie rief nacheinander ihre Namen, aber niemand antwortete.

40 Endlich rief eine feine Stimme: „Mutter, ich stecke im Uhrkasten." Die Mutter holte das Geißlein heraus und es erzählte alles.

Sie gingen hinaus und sahen den Wolf unter dem Baum. Die Mutter sah, dass etwas in seinem Bauch zappelte. Sie dachte: „Sollten meine armen Kinder noch am Leben sein?" Da musste das Geißlein nach

45 Haus laufen und Schere, Nadel und Zwirn holen. Dann schnitt sie dem Wolf den Bauch auf und die Geißlein sprangen nacheinander heraus und waren noch alle am Leben. Die Mutter sagte: „Holt Wackersteine, damit wollen wir dem Wolf den Bauch füllen, solange er schläft." Sie steckten ihm Steine in den Bauch und die Mutter nähte ihn wieder zu.

50 Als der Wolf endlich ausgeschlafen hatte, hatte er großen Durst. Er stand auf und sagte: „Was rumpelt und pumpelt in meinem Bauch herum? Ich meinte es wären sechs Geißlein, so sind's lauter Wackersteine." Am Brunnen bückte er sich und da zogen ihn die schweren Steine hinein und er musste jämmerlich ersaufen. Die sieben Geißlein

55 riefen laut: „Der Wolf ist tot! Der Wolf ist tot!" und tanzten mit ihrer Mutter vor Freude um den Brunnen herum. (verändert)

2 Beantworte folgende Fragen. **Kreuze** die richtige Antwort **an.**

a) Wohin geht die Mutter zu Beginn des Märchens?

☐ in die Stadt ☐ in den Wald ☐ zu einer Freundin

b) Wovor warnt die Mutter ihre sieben Kinder?

☐ dem Jäger ☐ dem Nachbarn ☐ dem Wolf

c) Was macht der Wolf, um eine liebliche Stimme zu bekommen?

☐ er singt ☐ er isst Kreide ☐ er verstellt seine Stimme

d) Was macht der Wolf mit seiner Pfote?

☐ Handschuhe anziehen ☐ Teig und Mehl draufmachen

e) Was passiert am Ende mit den Geißlein?

☐ Mutter und siebtes Geißlein retten sie

☐ Geißlein bleiben verschwunden

f) Was passiert mit dem Wolf?

☐ er ertrinkt ☐ er frisst Mutter und siebtes Geißlein

3 Was denken die Märchenfiguren? **Ordne zu.**

1 Oh je, was ist hier passiert? Hätte ich sie mal nicht allein gelassen! Ich war doch nur kurz weg. Wie kann ich meine Kinder retten?

2 Selbst schuld, wenn sie die Tür aufmachen! Ich bin halt klüger als die Geißlein! Hmm, haben die lecker geschmeckt!

A siebtes Geißlein

B Mutter

3 Gut, dass ich klein bin und mich hier in der Uhr verstecken kann! Was soll ich bloß tun? Hoffentlich kommt Mama bald zurück!

4 Oh nein, das ist doch der Wolf! Wir haben doch auf die Stimme und Pfote geachtet! Gut, dass das Kleinste von uns Mama alles erzählt hat und sie uns gerettet haben!

C sechs Geißlein

D Wolf

4 Stell dir vor, du führst ein Interview mit einer der Figuren aus dem Märchen. Was würdest du fragen? Was könnte die Figur antworten? **Schreibe** in dein Heft. So kannst du anfangen:

Ich: Warum wolltest du die Geißlein fressen?
Wolf: Geißlein schmecken lecker.
Ich: Wie hast du die Geißlein überlistet?
Wolf: ...

Mit Worten spielen, mit Sprache malen – Gedichte erschließen und vortragen

👁 **1**   **Schau** dir das Bild an. Was ist darauf zu sehen?

✏ **2**   Welche Jahreszeiten sind auf dem Bild zu sehen? **Kreuze an.**

☐ Winter und Sommer	☐ Frühling und Sommer
☐ Frühling und Herbst	☐ Winter und Frühling

Das lernst du in diesem Kapitel

In diesem Kapitel lernst du

- Gedichte laut zu lesen und vorzutragen,
- Gedichte zu verstehen und
- Reime, Verse, Strophen und sprachliche Bilder zu kennen.

„Frühlinter! ..." – Ein Gedicht erschließen

1 **Lies** das Gedicht.

Frühlinter
James Krüss

Im April aufzusagen

Wer im April
spazieren will,
was tut er? Was beginnt er?
Er jubelt: Frühl... Dann schweigt er still
5 und murmelt matt:
Frühlinter!

Sein Schuh im Matsch
macht quitsch und quatsch,
halb Frühling ist's, halb Winter.
10 Ein bißchen plitsch, ein bißchen platsch,
von Jedem was:
Frühlinter.

Wohin das zielt?
Was das bezweckt?
15 Es kommt kein Mensch dahinter.
Wenn ein Kind sich mit Lust bedreckt,
dann frag nicht was dahintersteckt.
Es ist April:
Frühlinter!

2 Das Wort „Frühlinter" hat der Dichter James Krüss erfunden.
Er hat zwei Wörter zusammengesetzt. Welchen zwei Jahreszeiten verstecken sich in dem Wort? **Schreibe auf**.

1 _____   2 _____

3 Schau dir das Gedicht „Frühlinter" von James Krüss noch einmal genau an. Was ist typisch für den Winter, was ist typisch für den Frühling? **Ordne zu.**

Winter   Frühling

4 Warum soll man das Gedicht im April aufsagen? **Kreuze an.**

☐ Im April lassen sich Gedichte besonders gut aufsagen.

☐ Im April ist das Wetter wie hier beschrieben.

5 Hast du das Gedicht aufmerksam gelesen? **Verbinde** die Sätze.

a) Der Schuh macht im Matsch   dass Kinder gerne im
                                      Matsch sind.
b) Kinder spielen   Frühling und Winter.
c) Im April ist ein bisschen   als Frühlinter.
d) Erwachsene verstehen nicht,   quitsch und quatsch.
e) Man beschreibt das Wetter   gerne im Matsch.

6 Es gibt das Sprichwort „April, April, der macht was er will".
Erkläre das Sprichwort mithilfe des Gedichtes.

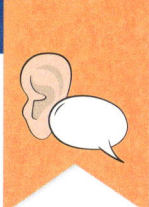

Sprechen und Zuhören

1 **Lies** das Gedicht „Frühlinter" auf Seite 27 zuerst leise und dann laut vor. Mache am Ende jeder Zeile eine Pause.

2 In dem Gedicht ist nicht jede Zeile auch ein Satz. **Markiere** die einzelnen Sätze in dem Gedicht. Nutze am besten eine Kopie des Gedichtes.

3 **Schreibe** nun das Gedicht so auf, dass in jeder Zeile ein Satz steht. Nutze die Schreiblinien.

Wer im April spazieren will, was tut er?

_____

_____

_____

Sein Schuh im Matsch macht quitsch und quatsch, halb Frühling ist's, halb Winter.
Ein bißchen plitsch, ein bißchen platsch, von Jedem was: Frühl-inter.

_____

_____

_____

Wenn ein Kind sich mit Lust bedreckt, dann frag nicht was da-hintersteckt.
Es ist April: Frühlinter!

4 **Lies** das Gedicht noch einmal laut vor. Mache am Ende jedes Satzes eine Pause. Wie klingt das Gedicht jetzt?

5 **Lies** das Gedicht noch ein letztes Mal laut. Setze deine Pausen ein, um den Inhalt des Gedichtes wirkungsvoll vorzutragen.

Mit Sprache malen – ein Gedicht vortragen

 **Arbeitsblatt**
WES-127533-004

Bereite nun das Gedicht „Frühlinter" von James Krüss von Seite 27 für deinen Vortrag vor. Nutze am besten eine Kopie des Gedichtes.

Manchmal ist es sinnvoll, am Ende einer Zeile eine Pause zu machen. Geht der Satz jedoch weiter, sollte man hier nicht stoppen. Pausen unterstreichen den Sinn des Gedichtes und sind nicht automatisch am Ende einer Zeile. Achte auf die Satzzeichen. Sie geben dir Hinweise.

1 Überlege dir, wo du eine Pause machen kannst. **Markiere** dann die kurzen Pausen mit diesem Zeichen: / (zähle lautlos 3, 4, 5), lange Pausen mit diesem Zeichen: // (zähle lautlos 21, 22, 23)

        Bespiel: Wer im April
                         spazieren will, /
                         was tut er? // Was beginnt er? //

Mit lautem und leisem Sprechen kannst du Wörter oder Stellen im Gedicht betonen und die Aufmerksamkeit dorthin lenken. Du unterstreichst, was gerade gesagt wird: Jubeln ist laut und Schweigen ist leise.

2 Überlege dir, wo du lauter und wo du leiser sprechen möchtest. **Markiere** dann die Stellen im Gedicht mit diesen Zeichen:

laut ◢, leise ◣

        Beispiel: Er jubelt: Frühl... Dann schweigt er still

Du kannst Wörter besonders betonen und hervorheben, wenn sie besonders wichtig für das Gedicht sind. Mit der Betonung kannst du die die Aufmerksamkeit dorthin lenken.

3 Überlege dir, welche Wörter du besonders hervorheben möchtest. **Markiere** dann die Stellen, indem du sie unterstreichst:
        Beispiel: und murmelt matt: Frühlinter!

 **Audio**
WES-127533-005

4 Trage das Gedicht vor. Höre dir den Gedichtvortrag von Mert an und vergleiche ihn mit deinem Vortrag.

Mit Worten spielen – Strophen, Verse, Reime

1 **Lies** das Gedicht.

Wenn die Möpse Schnäpse trinken
James Krüss

Wenn die Möpse Schnäpse trinken,
Wenn vorm Spiegel Igel stehn,
Wenn vor Föhren Bären winken,
Wenn die Ochsen boxen gehen,
5 Wenn im Schlafe Schafe blöken,
Wenn im Tal ein Wal erscheint,
Wenn in Wecken Schnecken stecken,
Wenn die Meise leise weint,
Wenn Giraffen Affen fangen,
10 Wenn ein Mäuslein Läuslein wiegt,
Wenn an Stangen Schlangen hangen,
Wenn der Bieber Fieber kriegt,
Dann entsteht zwar ein Gedicht,
aber sinnvoll ist es nicht!

2 Zähle nun die Strophen und Verse. **Kreuze** die richtige Antwort **an**.

Das Gedicht „Wenn die Möpse Schnäpse trinken" von James

Krüss besteht aus ☐ 8 Strophen ☐ 14 Strophen ☐ 1 Strophe.

Die Strophe(n) bestehen/besteht aus ☐ 10 ☐ 14 ☐ 7 Versen.

Verse und Strophen kennen

Ein **Vers** ist eine **Zeile** des Gedichtes. Ein Vers muss nicht gleichzeitig ein Satz sein. Ein Satz kann über mehrere Verse gehen.

Mehrere Verse zusammen ergeben eine **Strophe**. Du erkennst die Strophen daran, dass nach ihnen eine **Leerzeile** folgt. Gedichte können aus mehreren unterschiedlich langen Strophen bestehen.

Das kannst du dir merken

3 **Markiere** die Wörter am Versende, die gleich klingen, mit der gleichen Farbe. Du brauchst sechs Farben, zwei Wörter reimen sich nicht.

Wenn die Möpse Schnäpse trinken, a
Wenn vorm Spiegel Igel stehn,
Wenn vor Föhren Bären winken, a
Wenn die Ochsen boxen gehen,
5 Wenn im Schlafe Schafe blöken,
Wenn im Tal ein Wal erscheint,
Wenn in Wecken Schnecken stecken,
Wenn die Meise leise weint,
Wenn Giraffen Affen fangen,
10 Wenn ein Mäuslein Läuslein wiegt,
Wenn an Stangen Schlangen hangen,
Wenn der Bieber Fieber kriegt,
Dann entsteht zwar ein Gedicht,
aber sinnvoll ist es nicht!

4 **Schreibe** für jede Farbe den gleichen Buchstaben hinter das Wort. Fange mit a an und gehe alphabetisch vor.

5 Um welche Reimform handelt es sich in Vers 1-4? **Kreuze an**. Die Lernbox hilft dir.

☐ Paarreim ☐ Kreuzreim ☐ umarmender Reim

6 Wenn sich zwei Wörter am Versende nicht richtig reimen, ist das ein unreiner Reim. **Markiere** den unreinen Reim im Gedicht.

Reime kennen
Ein Gedicht ist oft in **Reimen** geschrieben. Das bedeutet, dass das Wort am **Versende so klingt wie ein anderes Wort am Versende**. Es gibt verschiedene **Reimformen.**

Das kannst du dir merken

Paarreim: aabb **Kreuzreim**: abab **umarmender Reim**: abba

Der Frühling ist ein Maler – Sprachbilder erkennen

1 **Lies** das Gedicht mehrmals. Du kannst es dir auch anhören.

Maler Frühling
August Heinrich Hoffmann von Fallersleben

 Audio
WES-127533-006

1 Der Frühling ist ein Maler,
er malet alles an,
die Berge mit den Wäldern,
die Täler mit den Feldern:
5 Was der doch malen kann!

2 Auch meine lieben Blumen
schmückt er mit Farbpracht:
Wie sie so herrlich strahlen!
So schön kann keiner malen,
10 so schön, wie er es macht.

3 O könnt ich doch so malen,
ich malt ihm einen Strauß
und spräch in frohem Mute
für alles Liebe und Gute
15 So meinen Dank ihm aus!

2 **Ordne** die Bilder den passenden Strophen **zu**.

 ☐ ☐  ☐

3 Beschreibe die Situation in der ersten Strophe des Gedichtes.
Kreuze an.

☐ Der Frühling ist wie ein Maler.

☐ Der Frühling malt Blumen und Menschen an.

☐ Der Maler übt noch, um besser zu werden.

☐ Der Maler malt Berge und Flüsse an.

4 Schau dir die Verse 1–2 des Gedichtes genau an. Kann der Frühling wirklich malen? Nimmt der Frühling einen Pinsel und Farbe und malt alles an? **Schreibe** die Antwort in dein Heft.

Das kannst du dir merken

Sprachliche Bilder erkennen
In Gedichten werden oft **sprachliche Bilder** benutzt. Sie sind nicht wortwörtlich gemeint, sondern **veranschaulichen etwas**. Eine Sache, wie hier der Frühling, kann Dinge tun, die sonst nur Menschen tun können. Der Fachbegriff dafür ist **Personifikation**.

5 Sprachliche Bilder sind nicht wortwörtlich gemeint. **Ordne** die richtige Bedeutung dem sprachlichen Bild **zu**. Lies auch die Lernbox.

a) Der Frühling ist ein Maler, er malet alles an

b) er malet alles an, die Berge mit den Wäldern, die Täler mit den Feldern

c) Auch meine lieben Blumen schmückt er mit Farbpracht: Wie sie so herrlich strahlen!

Im Frühling werden die Blätter in den Wäldern grün. Auf den Feldern fängt es an zu blühen. Die Landschaft wird farbiger.

Blumen sind durch ihre Blüten bunt und in vielen Farben in der Natur zu finden, so wie die vielen Farben in einem Farbkasten.

Der Frühling wirkt wie ein Maler. Ein Maler bringt Farben auf das Blatt Papier, der Frühling bringt Farbe in die Natur.

6 Ergänze folgenden Lückentext.

Das Gedicht „_____“ von Hoffmann von Fallersleben ist ein Gedicht über die Jahreszeit _____.

In dem Gedicht wird eine _____ benutzt.

Alles klar? – Teste dich selbst!

1 **Lies** das Gedicht mehrmals. Lies zunächst leise und dann laut.

Die Frühlingssonne
Christine Busta

Unhörbar wie eine Katze
kommt sie über die Dächer
springt in die Gassen hinunter,
läuft durch Wiesen und Wald.

5 Oh, sie ist hungrig! Aus jedem
verborgenen Winkel schleckt sie
mit ihrer goldenen Zunge den Schnee.

Er schwindet dahin wie Milch
in einer Katzenschüssel.
10 Bald ist die Erde wieder blank. [...]

2 Um was geht es in dem Gedicht? **Kreuze an**.

In dem Gedicht geht es um ...

☐ eine Katze, die von einem Dach in die Straße springt.

☐ die Sonne, die sich wie eine Katze verhält.

3 Die Frühlingssonne verhält sich hier wie eine Katze. Was macht
die Katze, was macht die Sonne? **Verbinde** das sprachliche Bild
mit der seiner Bedeutung.

Ungleiche Freunde – Jugendbücher zum Thema Freundschaft lesen

Hier siehst du die Titelseiten von zwei Jugendbüchern. Es handelt sich um „Ronja Räubertochter" von Astrid Lindgren und „Rico, Oskar und die Tieferschatten" von Andreas Steinhöfel.

 1 Welches der beiden Bücher würdest du zuerst lesen? **Schreibe** den Titel auf die Linie.

Ich würde zuerst _____ lesen.

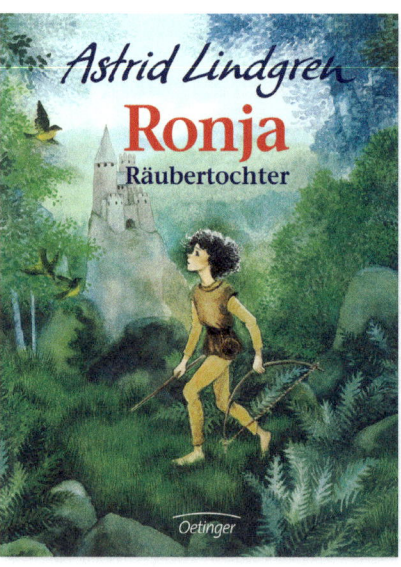

 2 Begründe deine Auswahl. Beziehe dich dabei auf die Titelseiten. **Vervollständige** den Satz.

Ich würde _____ zuerst lesen, weil

_____.

Das lernst du in diesem Kapitel

In diesem Kapitel lernst du

- den Inhalt von Auszügen aus Jugendbüchern zu verstehen,
- Figuren und ihre Beziehung zueinander zu beschreiben und,
- wie du ein Jugendbuch vorstellen kannst.

Rico und Oskar – den Anfang eines Jugendbuchs erschließen

1 **Lies** den Auszug aus dem Jugendbuch oder hör ihn dir an.

Audio
WES-127533-007

Die Fundnudel
Ich ging langsam über den Gehsteig [...]. Auf dem Boden sah ich ein zerknülltes Duplo-Papierchen. Ich sah [...] eine ausgetretene alte Zigarettenkippe. Dann sah ich zwei kleine Füße mit hellen Strümpfen in offenen Sandalen. Ich hob den Kopf. Der Junge, der da vor mir stand,
5 reichte mir gerade so bis an die Brust. [...] Er hatte einen dunkelblauen Sturzhelm auf. Es war ein Sturzhelm, wie ihn Motorradfahrer tragen. Ich hatte gar nicht gewusst, dass es die auch für Kinder gibt. Es sah völlig beknackt aus. [...] „Was machst du da?", sagte der Junge. Seine Zähne waren riesig. [...] „Ich suche was", sagte ich. „Wenn du
10 mir sagst, was, kann ich dir helfen." „Eine Nudel", sagte ich.

2 Wonach sucht Rico auf dem Boden? **Kreuze an.**

☐ Motorradhelm ☐ das gelbe Haus ☐ eine Fundnudel

Er guckte sich ein bisschen auf dem Gehsteig um. [...] An seinem kurzärmligen Hemd [...] war ein winziges knallrotes Flugzeug befestigt wie eine Brosche. [...] Zuletzt guckte der kleine Junge kurz zwischen die Büsche vor dem Zaun vom Spielplatz [...].
15 „Was für eine Nudel ist es denn?", sagte er.
„Auf jeden Fall eine Fundnudel. Eine Rigatoni, aber nur vielleicht. Genau kann man das erst sagen, wenn man sie gefunden hat, sonst wäre es ja keine Fundnudel. Ist doch wohl logisch, oder?"
„Hm ..." Er legte den Kopf leicht schräg. [...] „Kann es sein, dass du ein
20 bisschen doof bist?", fragte er. Ich dachte: Also echt! Und sagte: „Ich bin ein tiefbegabtes Kind." „Tatsache?" Jetzt sah er wirklich interessiert aus. „Ich bin hochbegabt." Nun war ich auch interessiert. Obwohl der Junge viel kleiner war als ich, kam er mir plötzlich viel größer vor.

3 Oskar bezeichnet sich als hochbegabt. Erschließe mit dem Text, was hochbegabt bedeutet. **Kreuze** die richtige Erklärung **an.**

☐ ein Mensch, der sehr schlau ist ☐ ein Mensch, der groß ist

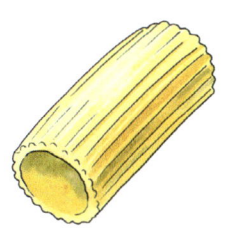

„Ich muss jetzt weiter", sagte ich endlich zu dem Jungen. „Bevor es
25 dunkel wird. Sonst verlaufe ich mich womöglich."
„Wo wohnst du denn?" „Da vorn, das gelbe Haus. Die 93. Rechts." [...]
Der kleine Junge legte seine Stirn in Falten und er grinste. „Du bist
wirklich doof, oder? Wenn man etwas direkt vor Augen hat und nur
geradeaus gehen muss, kann man sich nicht verlaufen."
30 [...] Ich wurde langsam sauer. „Ach ja? Ich kann das. Und wenn du
wirklich so schlau wärst, wie du behauptest, wüsstest du, dass es
Leute gibt, die das können. [...] Ich hab mir nicht ausgesucht, dass
aus meinem Gehirn manchmal was rausfällt! Ich bin nicht freiwillig
dumm oder weil ich nicht lerne! [...] Aber du bist ja wohl eins von den
35 Superhirnen, die alles wissen und dauernd mit irgendwas angeben
müssen, weil sich nämlich sonst keiner für sie interessiert [...]!"

 4 Was meint Rico mit tiefbegabt? **Kreuze** die richtigen Erklärungen
an.

- [ ] Er ist nicht freiwillig dumm.
- [ ] Aus seinem Gehirn fällt manchmal etwas raus.
- [ ] Er ist kleiner als eine andere Person

Es ist total peinlich, aber wenn ich mich heftig über etwas aufrege,
zum Beispiel Ungerechtigkeit, fange ich an zu heulen. Ich kann überhaupt nichts dagegen machen. Der Junge kriegte ganz erschreckte
40 Augen [...].
„Jetzt wein doch nicht! Ich hab das gar nicht so –" [...] Jetzt sagte der
Junge gar nichts mehr. Er guckte runter auf seine Sandalen. Dann
guckte er wieder hoch. [...] Er streckte seine Hand aus. Sie war so
klein, dass sie doppelt in meine passte.
45 „Ich heiße Oskar", sagte er. „Und ich möchte mich aufrichtig bei dir
entschuldigen. Ich hätte mich nicht über dich lustig machen dürfen.
Das war arrogant." Ich hatte keine Ahnung, was er mit dem letzten
Wort meinte, aber die Entschuldigung hatte ich verstanden. [...]

 5 Was bedeutet es, wenn jemand arrogant ist? **Schreibe** auf die
Linie

Wenn jemand arrogant ist _____ .

Man muss nett sein, wenn jemand sich entschuldigt. Wenn einer nur
50 so tut als ob, kann man ruhig weiter sauer sein, aber Oskar meinte es
aufrichtig. [...] „Ich heiße Rico", sagte ich und schüttelte seine Hand.
„Mein Vater war nämlich Italiener." „Ist er tot?" „Logisch. Sonst hätte
ich ja nicht war gesagt." [...] „Tut mir leid. Wie ist er denn gestorben?"
Ich gab keine Antwort. Ich hab noch nie jemandem davon erzählt, wie
55 Papa gestorben ist. [...]
Oskar druckste ein bisschen herum, als er merkte, dass da nichts
mehr kam. Irgendwann nickte er endlich und sagte: „Ich muss jetzt
nach Hause." „Ich auch. [...]" [...]
Ich ging und nahm mir vor, mich kein einziges Mal umzudrehen. Der
60 sollte bloß nicht denken, dass ich ihn toll fand mit seinem Sturzhelm und
den Monsterzähnen. Dann drehte ich mich doch um und sah ihn in
die andere Richtung [...] verschwinden. Von Weitem sah er aus wie ein
sehr kleines Kind mit einem sehr großen blauen Kopf. (verändert)

6 Aus welchem Land stammt Ricos Vater? **Kreuze an**.

☐ Deutschland ☐ Belgien ☐ Türkei

☐ Italien ☐ Spanien

7 **Unterstreiche** im Text alle Wörter, die du nicht kennst.
Schlage sie in einem Wörterbuch nach.

8 Wie findet Rico Oskar nach dem Gespräch? **Entscheide** dich für
eine der beiden Aussagen.

☐ Rico findet Oskar doof.

☐ Rico findet Oskar nett.

9 In welchem Abschnitt des Textes findest du Hinweise darauf, wie
Rico Oskar findet? **Vervollständige** den Satz.

Ich glaube, dass Rico Oskar _____ findet wegen dem,

was ich in Zeile _____ gelesen habe.

Lesen

Wenn du ein Wort in einem Text nicht richtig verstehst, lies zuerst den ganzen Satz noch einmal. Dann verstehst du oft, was das Wort bedeutet. Wenn du das Wort trotzdem noch nicht verstehst, kannst du es im Wörterbuch nachschlagen.

 1 **Schreibe** diese Namen in alphabetischer Reihenfolge in dein Heft.

> Bartok • Isa • Cara • Ayse • Daniel • Fabio • Hakan • Greta • Elif

 2 **Schreibe** nun diese Wörter aus dem Text von Seite 37-39 in alphabetischer Reihenfolge in dein Heft.

> Gehsteig • arrogant • Sandalen • Brosche • Rigatoni • logisch

 3 Schlage die Wörter aus Aufgabe 2 nach und **schreibe** die Bedeutung in dein Heft.

Zu jedem Buchstaben stehen viele Wörter im Wörterbuch. Um das richtige zu finden, musst du auch auf die Buchstaben schauen, die nach dem Anfangsbuchstaben stehen.

 4 Bringe diese Wörter in die richtige alphabetische Reihenfolge und **schreibe** sie in dein Heft.

> arrogant • aufrichtig • also • aufstehen

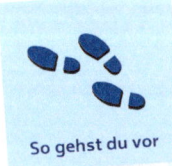
So gehst du vor

Im Wörterbuch nachschlagen
Achte auf das **Alphabet**. Du musst nach der Reihenfolge des Alphabets vorgehen, um das Wort zu finden.
Orientiere dich an den **Kopfwörtern**. Das Kopfwort oben links ist das Wort, mit dem die Seite anfängt. Das Kopfwort oben rechts ist das Wort, mit dem die Seite aufhört.

Rico und Oskar - Figuren beschreiben

1 Hannah möchte Rico beschreiben. Dafür hat sie eine Übersicht angelegt. **Schaue** dir die Übersicht **an**.

Lebensumstände:

Vater:

_____

Alter:

_____

Wohnt:

_____

_____

Rico

Aussehen:

Größe:

_____

Haarfarbe:

_____

Kleidung:

_____

_____

Eigenschaften

_____

_____

2 **Ergänze** Hannahs Übersicht mit Informationen aus dem Text auf
Seite 37-39 und dem Bild oben. Der Wortspeicher hilft dir dabei.

aus Italien • gelbes Haus mit der Nummer 93 • größer als Oskar
• weint, wenn ihn etwas aufregt • sagt, er ist tiefbegabt • blond
• zehn Jahre alt • gelbes Hemd • oranger Pullunder

3 **Beschreibe** Rico. Schreibe dazu die Informationen aus der Übersicht in ganzen Sätzen in dein Heft.

Was geht in Rico und Oskar vor? – Gedanken und Gefühle erkennen

1 **Lies** noch einmal die Abschnitte auf Seite 38.

2 Oskar denkt darüber nach, wie er sich über Rico lustig gemacht hat, weil er tiefbegabt ist. Was könnte Oskar denken? **Kreuze an**.

- [ ] Das ist mir ganz schön peinlich.
- [ ] Ich hoffe, ich habe Rico nicht verletzt.
- [ ] Ist mir egal, ob Rico jetzt traurig ist.
- [ ] Es tut mir leid, dass ich mich über Rico lustig gemacht habe.

3 **Kreuze an**, was Rico fühlt, als Oskar fragt, ob er doof ist.

- [ ] Eigentlich finde ich Oskars Ehrlichkeit gut.
- [ ] Ich habe Angst zu weinen.
- [ ] Ich bin total wütend, ich kann doch nichts dafür!
- [ ] Wenn jemand mich dumm findet, bin ich traurig.
- [ ] Wenn jemand mich dumm findet, ist mir das egal.

4 Als er nach Hause kommt, erzählt Rico seiner Mutter von Oskar. **Schreibe** in dein Heft, was er ihr erzählt. Du kannst auch die Methodenbox benutzen.

So gehst du vor

So kannst du Gefühle und Gedanken beschreiben
Die Gedanken und Gefühle einer Figur gibst du in der **Ich-Form** wieder. Du schlüpfst in die Figur hinein.
Ich hoffe ... Ich freue mich total über ...
Schreibe im **Präsens**.
Beginne mit einem **Redebegleitsatz** und formuliere dann die Gedanken der Figur in **wörtlicher Rede**.
Rico dachte: „Was für ein Typ! Ich ..."

So geht es weiter – einen Jugendbuchauszug lesen

1 **Lies**, wie die Geschichte von Rico und Oskar weitergeht. Du kannst dir den Text auch anhören.

Audio
WES-127533-008

Oskar kommt zu Besuch

Mama war ziemlich platt, dass jemand mich besuchen kam. Sie beschwert sich immer darüber, dass ich keine Freunde habe. Jetzt hatte ich einen. Er war zwar sehr klein und bestimmt auch sehr jung, aber das spielte für Mama offenbar keine so große Rolle. Sie fand Oskars
5 blauen Motorradhelm viel interessanter.
„Seit wann trägt man solche Dinger beim Radfahren?", sagte sie. [...]
Oskar guckte sie an, als wäre sie nicht ganz richtig im Oberstübchen. Immerhin klappte er jetzt endlich das Visier hoch. Seinen Mund konnte man trotzdem nicht richtig sehen, nur die obere Reihe seiner gro-
10 ßen weißen Zähne.
„Es ist gefährlich ohne Helm", erklärte er, als wäre Mama das Kind und er der Erwachsene. „Es passieren ständig irgendwelche Unfälle." [...]Mir fiel ein Unterschied zwischen uns auf: Ich habe fast dauernd gute Laune, weiß aber nicht so viel. Oskar wusste jede Menge merk-

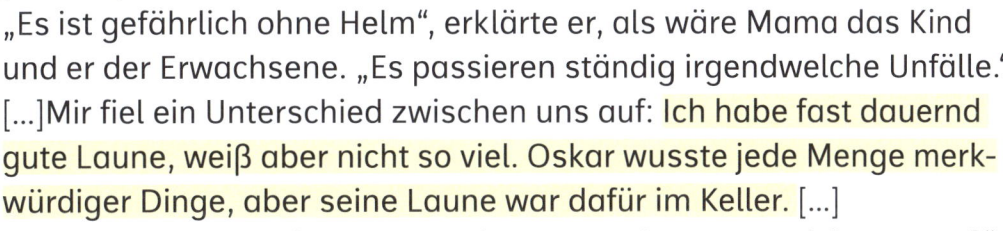

15 würdiger Dinge, aber seine Laune war dafür im Keller. [...]
„Und du?" Er [Oskar] musterte mich. „Hast du vor gar nichts Angst?"
„Doch. Ich hab Angst, ich könnte mich mal in der Stadt verirren", gab ich zu. [...] „Ist das schon mal passiert?" „Nee, ich war ja noch nie allein unterwegs. [...]" [...] „Und sonst, außer Verirren?"
20 Vorsichtshalber schüttelte ich den Kopf. Es gab da zwar etwas, vor dem ich mich noch mehr fürchtete als vor dem Verirren, und ich hatte auch schon darüber nachgedacht, dass ich Oskar darin einweihen musste, sobald wir echte Freunde wurden. Schließlich vertrauen Freunde einander. Nur war ich mir nicht sicher, ob er wirklich schon
25 mein echter Freund war. Ich musste das überprüfen. „Kommst du morgen wieder?", fragte ich ihn.
Ich spürte, wie mein Kopf rot wurde vor Aufregung. Das war ein ziemlich schlauer Test, fand ich. Echte Freunde haben immer für einander Zeit. Sie wollen möglichst viele schöne Dinge miteinander erleben.
30 Wenn Oskar jetzt nein sagte ... Er guckte mich zögerlich an, wie etwas, das im Regal im Supermarkt vor ihm lag und von dem er nicht sicher war, ob er es wirklich kaufen wollte. [...] „Eigentlich", sagte er dann, „habe ich morgen schon was vor. Das kann den ganzen Tag dauern. [...] Das kann ich aber auch später erledigen, schätze ich",
35 sagte er schnell.

Erleichtert streckte ich einen Arm aus. „Sind wir jetzt echte Freunde?" Er drückte seine kleine Hand in meine. Sie war ganz warm. Er lächelte. „Sind wir das nicht schon die ganze Zeit?"

 2 Findest du, dass Rico und Oskar gut zusammenpassen? **Schreibe** deine Meinung in dein Heft. Begründe sie.

 3 Rico macht sich Gedanken darüber, ob er und Oskar Freunde sind. **Lies** noch einmal die blau markierte Textstelle auf Seite 43.

 4 Was macht für Rico eine Freundschaft aus? **Vervollständige** den Satz.

Ein echter Freund ist für Rico jemand, der _____

_____ .

 5 Was könnte Rico außerdem über Oskar denken? **Vervollständige** die Gedankenblase mit möglichen Gedanken von Rico.

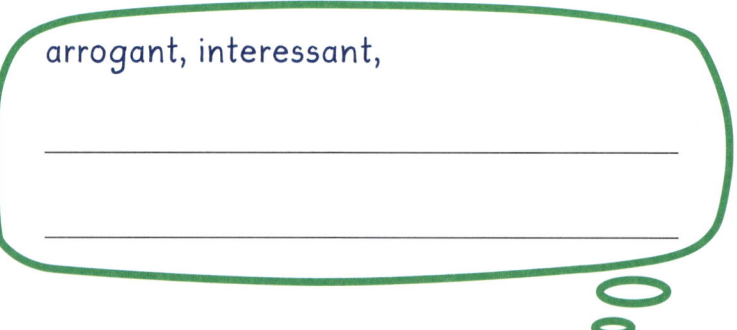

arrogant, interessant,

 6 Wie könnte sich die Freundschaft von Rico und Oskar entwickeln? **Schreibe** deine Vermutung in dein Heft.

 7 Wenn du wissen willst, wie die Geschichte von Rico und Oskar weitergeht, kannst du das Buch „Rico, Oskar und die Tieferschatten" von Andreas Steinhöfel lesen.

Alles klar? – Teste dich selbst

1 Tilda möchte Oskar beschreiben. Dafür hat sie sich eine Übersicht angelegt. **Vervollständige** die Übersicht mit den Wörtern aus dem Wortspeicher.

Aussehen: —— Oskar —— Eigenschaften:

Größe:

_____

Kleidung:

_____

_____

_____

_____

trägt einen blauen Helm • ist hochbegabt • hat Angst vor Unfällen • trägt kurze Hose • kleiner als Rico • trägt Sandalen

2 Welcher Unterschied zwischen sich und Oskar fällt Rico auf? Lies die gelb markierte Textstelle auf Seite 43. **Kreuze an**.

☐ Rico hat immer gute Laune, weiß aber nicht so viel und Oskar weiß viel, hat aber keine gute Laune.

☐ Oskar redet nicht viel. Rico redet den ganzen Tag.

3 Wie testet Rico die Freundschaft zwischen ihm und Oskar? Lies die blau markierte Textstelle auf Seite 43. **Schreibe** in dein Heft.

4 Welche Gedanken und Gefühle hat Rico nach Oskars Besuch? **Schreibe** seine Gedanken und Gefühle in dein Heft. Schreibe aus Ricos Sicht, in der Ich-Form. So kannst du beginnen:

Ich bekomme nicht so oft Besuch. Deshalb war ich so aufgeregt, als Oskar …

Jetzt bist du dran! - Ein Jugendbuch vorstellen

Eine gute Möglichkeit, deiner Klasse ein Buch vorzustellen, ist ein Lapbook. Ein Lapbook ist ein gebasteltes Plakat, auf dem du wichtige Informationen zu einem Jugendbuch darstellst.

👁 **1** Fabio hat ein Lapbook zu „Rico, Oskar und die Tieferschatten" erstellt. **Schau** es dir **an**.

⬜ Verlag

⬜ Figuren

🅰 Autor

⬜ Handlung

⬜ Auszug

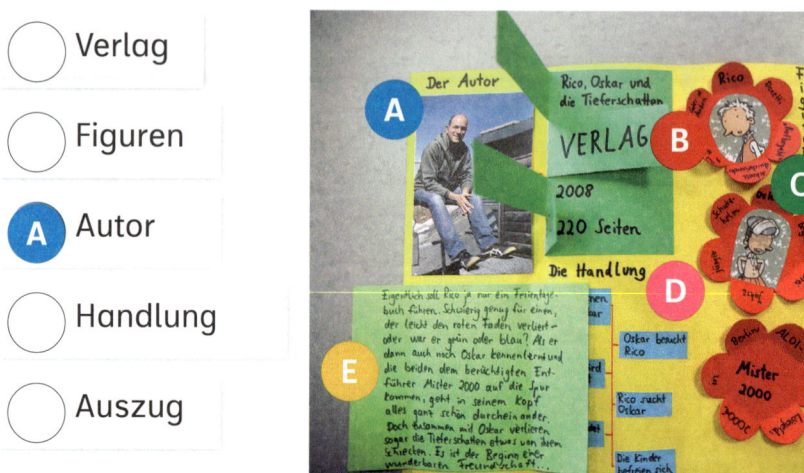

✍ **2** Welche Informationen siehst du auf dem Lapbook? **Trage** die Buchstaben in die richtigen Kästchen oben **ein**.

✍ **3** Viele der Informationen hat Fabio auf der Titelseite des Buches gefunden. **Trage ein**, welche Information man auf der Titelseite eines Buches finden kann.

🅰 Titel

🅱 Verlag

🅲 Autor

4 Suche dir nun ein eigenes Buch aus und **beantworte** die Fragen zu deinem Buch.

a) Wer hat das Buch geschrieben? _____

b) Wie heißt das Buch? _____

c) Wer sind die Hauptfiguren? _____

d) Worum geht es in dem Buch? _____

_____

_____

5 Wenn du ein Buch vorstellst, solltest du auch einen kleinen Auszug vorlesen. **Suche** den Auszug, den du vorlesen willst, **aus** und kopiere ihn.

6 Bereite den Auszug für den Vortrag vor. **Markiere** diese Stellen:

a) Wer sagt was in dem Text? Suche die wörtliche Rede der Figuren heraus.
b) Was fühlen die Figuren? Sprich wörtliche Rede so, dass deine Zuhörerinnen und Zuhörer das Gefühl erkennen.
c) Lege fest, wo du Pausen machst. Mache dort einen / im Text, wo du eine Pause machen willst.
d) Wo sprichst du lauter oder leiser? Markiere diese Stellen im Text.

7 **Übe** das Vortragen des Erzähltextes mehrfach. Sprich besonders deutlich. Sprich langsam, nicht zu schnell.

8 Am Ende der Buchvorstellung sagst du, warum dir das Buch gefallen hat. **Vervollständige** den Satz.

Das Buch hat mir gut gefallen, weil _____

_____.

Medien früher und heute – über Medien nachdenken

1 Wozu benutzt du dein Handy? **Markiere** in der Collage Funktionen deines Handys, die du nutzt.

2 Du hast dein Handy verloren. Was machst du in diesen Situationen? **Schreibe** in dein Heft.

a) Du möchtest deinen Eltern Bescheid sagen, dass du später nach Hause kommst.

b) Du möchtest wissen, wann dein nächster Bus fährt.

c) Dir ist langweilig während der Busfahrt und du möchtest dich beschäftigen.

Das lernst du in diesem Kapitel

In diesem Kapitel lernst du
- über deine Mediennutzung nachzudenken,
- wie du im Internet recherchieren kannst und
- interessante Dinge über Medien früher und heute.

Mediennutzung im Alltag – über Mediennutzung nachdenken

1 Du nutzt in deinem Alltag viele verschiedene Medien. **Lege** dir eine Liste der Medien **an**, die du nutzt.

Smartphone, _____

_____

2 Welche Medien benutzt du gerne und oft? Erkläre, warum. **Schreibe** in dein Heft.

3 Welche Medien nutzt du in der Schule und welche in deiner Freizeit? Lege eine Tabelle in deinem Heft an und **trage** die Medien **ein**.

Medien in der Schule	Medien in der Freizeit
interaktive Tafeln	

4 Auf welche Medien möchtest du in deiner Freizeit nicht verzichten? Erkläre, warum. **Vervollständige** den Satz.

Ich möchte nicht auf _____ verzichten, weil

_____

_____ .

5 Auf welche Medien könntest du in deiner Freizeit für eine Woche verzichten? Erkläre, warum. **Vervollständige** den Satz.

Ich könnte für eine Woche auf _____

verzichten, weil _____

_____ .

Wie finde ich Informationen? – Im Internet recherchieren

Wenn du Informationen zu einem Thema benötigst, kannst du im Internet danach suchen. Dort findest du viele unterschiedliche Informationen. Viele Informationen sind gut und helfen dir weiter, manche sind aber auch falsch oder passen nicht zu deiner Suche. Die kannst du nicht nutzen. Bevor du mit deiner Suche startest, überlege dir, wozu du die Informationen benötigst und einen passenden Suchbegriff. Wenn dein Suchbegriff zu allgemein ist, bekommst du zu viele Informationen und weißt nicht sofort, ob sie nützlich sind.

 1 Entscheide, welcher Suchbegriff für das in der Sprechblase genannte Thema passend ist. **Kreuze an.**

Ich möchte einen Vortrag über Medien halten. Dafür möchte ich wissen, wie Menschen früher Medien benutzt haben.

☐ Medien früher

☐ Medien

☐ Tablets nutzen früher

 2 Im Internet gibt es spezielle Suchmaschinen für Kinder. Besuche eine dieser Seiten und **schau** dich dort um.

www.fragFINN.de

www.blinde-kuh.de

www.helles-koepfchen.de

3 Schau dir die Startseite der Suchmaschine www.blinde-kuh.de
genauer an. **Ordne** dem Bild die passenden Erklärungen **zu**.

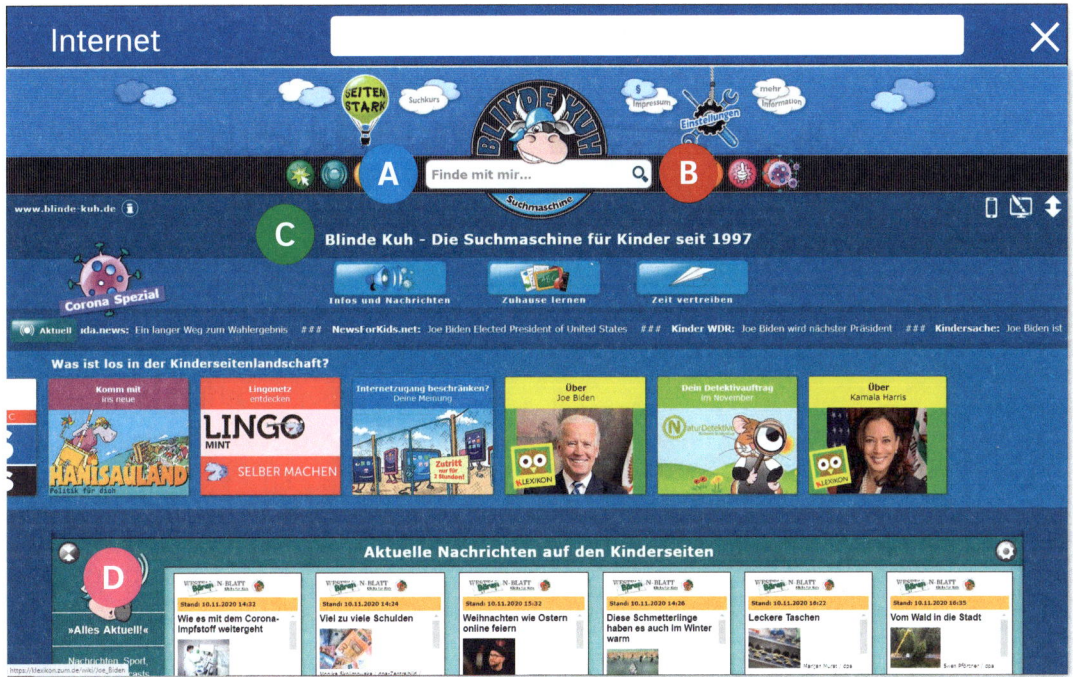

○ Name der Suchmaschine   ○ Hier startest du die Suche.

○ Hier kannst du deinen
Suchbegriff eingeben.   ○ Hier werden dir Artikel vorgeschlagen.

4 Zina hat „Medien früher" in das Suchfenster eingegeben und hat
diese Ergebnisse bekommen. **Markiere**, welche Artikel Zina für
ihren Vortrag lesen sollte.

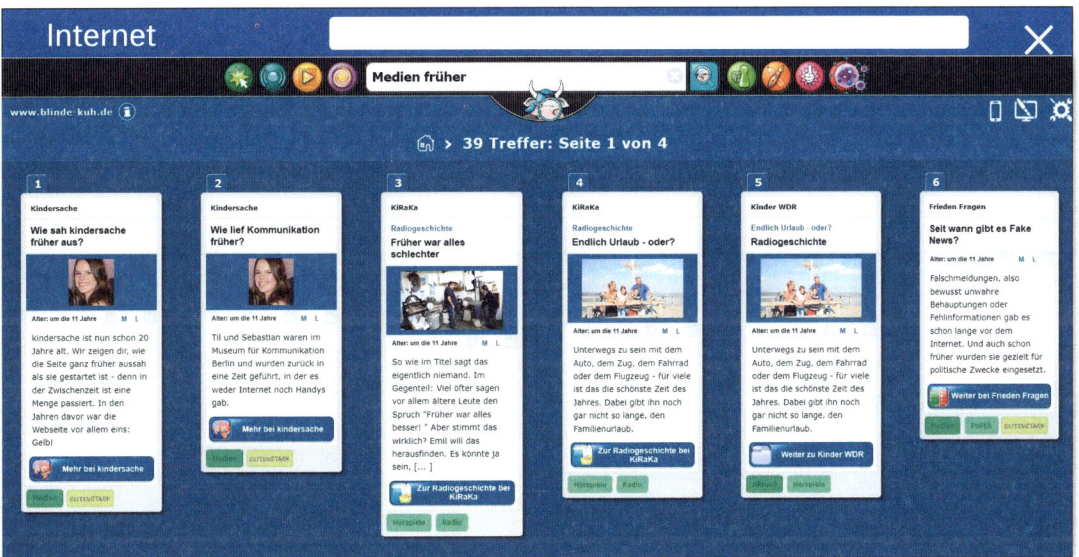

Wie lief Kommunikation früher? – Informationen aus Texten entnehmen

 **1** **Lies** den Text oder höre ihn dir an.

Audio
WES-127533-009

Sicher kennst du das auch? Morgens aufwachen und gleich der Griff nach dem Smartphone. Was gibt es Neues? Wie wird das Wetter heute? Das Wetter sehen wir per Widget auf dem Startbildschirm. Lustige Videos bekommen wir von unseren Freunden zugeschickt oder wir suchen sie selbst auf YouTube. Wenn du etwas mit deinen Freunden unternehmen möchtest und dich verabreden möchtest, machst du das mit dem Handy. Per Kurznachricht oder Sprachnachricht. Manchmal ruft man auch schnell an, egal von wo. Du kannst sogar das Leben fremder Personen in den sozialen Medien verfolgen. Wir können uns unser Leben ohne das Internet eigentlich nicht mehr vorstellen.

Doch wie war das früher? Wie haben das unsere Großeltern gemacht? Vor 50 Jahren gab es noch kein Internet und kein Smartphone. Wenn es im Haus ein Telefon gab, dann stand das meistens im Flur und alle konnten hören, was man sagt. Verabreden musste man sich persönlich, oder man rief an. Wenn man verabredet war und sich jemand verspätete, musste man einfach warten. Den Wetterbericht gab es im Fernsehen, in Zeitungen oder über das Radio. Dort gab es am Wochenende auch Hörspiele für Kinder. (verändert)

 2 **Trage** in die Tabelle **ein**, was der Text über Mediennutzung früher und heute sagt. Beachte die markierten Textstellen.

	früher	heute
Sich verabreden		
Telefonieren		
Sich über das Wetter informieren		
Lustige Sachen sehen/ hören		

Alles klar? – Teste dich selbst!

1 Dein Smartphone kann viele Medien ersetzen. **Notiere** drei.

_____

2 **Lege** ein Medientagebuch **an**. Darin notierst du, wann du welche Medien benutzt hast. So kannst du beginnen:

Uhrzeit	Medium	Funktion
6:30	Smartphone	Wecker
6:31	Smartphone	Nachrichten gelesen
...		

3 Schau dir am nächsten Tag dein Medientagebuch an. Wie oft hast du die verschiedenen Medien genutzt? **Schreibe** in dein Heft.

Smartphone: 12 Mal, Fernseher 1 Mal ...

4 Mache ein Experiment. Versuche, für einen Tag Medien so zu benutzen, wie vor 50 Jahren. Welche Medien kannst du nutzen? **Kreuze an**.

☐ Telefon ☐ Fernseher ☐ Handy

☐ Radio ☐ Spielekonsole ☐ Brief

5 Was war gut an deinem Experiment? Was lief schlecht? **Schreibe** in dein Heft. So kannst du beginnen:

Ich habe einen Tag lang nur Medien benutzt, die es vor 50 Jahren schon gab. Ganz schön war ...
Mir hat gar nicht gefallen, dass ...

Der Weltraum, unendliche Weiten ...

Der Weltraum, unendliche Weiten ... – Sachtexte erschließen

 1 **Verbinde** die Weltraumwörter mit der richtigen Bedeutung.

A Weltraum

B Planeten

C Sterne

D Sonnensystem

E Laufbahn

F Milchstraße

G Sonne

H Galaxie

I Mond

1 Himmelskörper, der sich um die Sonne dreht und nicht selbst leuchtet

2 Weg der Erde um die Sonne herum

3 Der Streifen am Himmel, in dem nachts die meisten Sterne zu sehen sind

4 Raum außerhalb der Erde

5 Selbst leuchtende Himmelskörper

6 Planeten, die eine Sonne umkreisen und der Weltraum um sie herum

7 Stern, der unserem Planeten am nächsten ist und um den sich die Erde dreht

8 Himmelskörper, der einen Planeten wie die Erde umkreist und nachts leuchtet

9 Ansammlung von Sonnensystemen, zum Beispiel die Milchstraße

In diesem Kapitel lernst du

- interessante Dinge über den Weltraum und
- 5 Schritte zum Lesen von Sachtexten anzuwenden.

Vor, während und nach dem Lesen ... – mit Sachtexten umgehen lernen

1 **Lies** den Text. Du kannst auch das Arbeitsblatt benutzen.

Arbeitsblatt
WES-127533-010

Der Weltraum und unser Sonnensystem

 _____

Schon lange beschäftigen sich Menschen mit der Frage, was sich im Weltraum befindet. Sie beobachten, wie sich **Planeten** und **Sterne** bewegen. Zuerst erklärten sich die Menschen die Entstehung und Bewegung
5   von Sonne, Mond und Sternen durch die Götter.

 _____

Im alten Griechenland dachten Wissenschaftler, dass die Erde der Mittelpunkt des Universums ist. Erst der Forscher Nikolaus Kopernikus fand heraus, dass das falsch ist. Alle Planeten, auch die Erde, **umkreisen** nämlich die **Sonne**.

 _____

10 Unsere Sonne ist nur einer von vielen Sternen im Weltraum. Viele Sterne werden von Planeten umkreist. Die Heimat unseres Sonnensystems ist die **Milchstraße**, eine Galaxie.

 _____

Die Milchstraße ist **riesig**. Man müsste 120 Jahre lang so schnell fliegen, wie sich das **Licht** bewegt (Lichtgeschwindigkeit), um durch sie
15 durch zu fliegen.

 _____

Unsere Sonne wird von 8 Planeten umkreist. Sie heißen **Merkur, Venus, Erde, Mars, Jupiter, Saturn, Uranus und Neptun**. Um viele der Planeten kreisen Monde.

F

Man kann sich die Namen der **Planeten in der richtigen Reihenfolge**
20 leicht merken. Dazu lernst du einen Satz auswendig. Die Anfangsbuchstaben stehen dabei für die Planeten:

Mein **V**ater **e**rklärt **m**ir **j**eden **S**amstag **u**nseren **N**achthimmel.
Merkur **V**enus **E**rde **M**ars **J**upiter **S**aturn **U**ranus **N**eptun

2 **Lies** die Lernbox.

Die Lesemethode für Sachtexte
Schritt 1: Aktiviere dein **Vorwissen**. Schau dir dazu die Bilder an
und überlege, was du über das Thema weißt.
Schritt 2: **Überfliege** den Text zuerst. Lies dafür die **Überschrift**
und die **Schlüsselwörter und schau dir das Bild an.** So hast
du eine erste Idee, worum es in dem Text geht.
Schritt 3: Lies den Text. Kläre dann die **Bedeutung unbekann-
ter Wörter**. Ein Wörterbuch kann dir helfen.
Schritt 4: Suche eine Überschrift für jeden **Textabschnitt**.
Schritt 5: **Überprüfe**, ob du den Text verstanden hast.

Das kannst
du dir merken

3 Arbeite nun mit dem Text. Löse dafür die Aufgaben zu den 5
Schritten.

Schritt 1: Aktiviere dein Vorwissen.
Welches Wort passt zu dem Bild auf Seite 55? **Kreuze an.**

☐ Rakete   ☐ Planeten   ☐ Raumschiff   ☐ Alien

4 Schritt 2: Überfliege den Text.
Schau dir das Bild, die Überschrift und die fettgedruckten Wörter
an. **Schreibe** die Wörter auf und bestimme das Thema.

Überschrift:

Schlüsselwörter: _____

_____

_____

Vermutliches Thema: _____

5 Schritt 3: Kläre die Bedeutung unbekannter Wörter.
Lies den ganzen Text. **Unterstreiche** unbekannte Wörter.
Schlage sie im Wörterbuch nach oder frage jemanden.

6 Schritt 4: Finde Überschriften für Textabschnitte.
Ordne die Überschriften den Abschnitten richtig **zu**. Schreibe sie
über den passenden Abschnitt im Text.

☐ Merksatz für die Planeten

☐ Viele Sonnen im Weltall

☐ Sterne und Planeten bewegen sich

☐ Die riesige Milchstraße

☐ Erste Wissenschaftler beobachten den Weltraum

☐ Die 8 Planeten

7 Schritt 5: Überprüfe, ob du den Text verstanden hast.
Kreuze an, ob die Aussagen richtig oder falsch sind.

	richtig	falsch
Es gibt viele Sterne in der Milchstraße.	☐	☐
Die Erde kreist um den Mond.	☐	☐
Die Sonne kreist um die Erde.	☐	☐
Man muss 120 Jahre mit Lichtgeschwindig-keit fliegen, um durch die Sonne zu fliegen.	☐	☐
Die Sonne wird von 8 Planeten umkreist.	☐	☐

Lesen

👁 **1** **Schau** dir kurz das Foto an und lies die Überschrift.

👁 **2** Anstatt den Text zu lesen, **schau** nur so lange auf die fettge-
drückten Wörter, dass du sie verstehst. Dein Blick fliegt von
fettgedrucktem Wort zu fettgedrucktem Wort.

Die erste Mondlandung

Es geht los
Am 21. Juli 1969 betraten Menschen zum ersten Mal
den **Mond**. Die drei **Astronauten** kamen mit einer
Rakete. An der Rakete war ein **Raumschiff** befestigt.
5 Es hatte den Namen Apollo 11.

Die Reise zum Mond
Die Reise zum Mond dauerte **4 Tage**. Die Rakete mit dem Raumschiff
startete in den USA. Die Rakete flog zum Schwungholen einmal um
die Erde herum. Dann feuerte sie das Raumschiff in Richtung Mond.
10 112 Kilometer vom Mond entfernt stiegen zwei Astronauten vom
Raumschiff in eine **Mondfähre** um und flogen auf den Mond. Neil
Armstrong stieg zuerst aus. Er war der erste Mensch auf dem Mond.

Auf dem Mond
Auf dem Mond sammelten die Astronauten **Mondgestein**. Sie stell-
15 ten Messgeräte und eine amerikanische **Flagge** auf. Viele Menschen
auf der ganzen Welt verfolgten die Mondlandung im Fernsehen und
im Radio. Insgesamt waren nur 12 Menschen auf dem Mond, weil der
Weg zu teuer ist. (verändert)

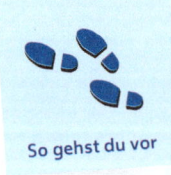

So gehst du vor

Einen Text überfliegen
Du **fliegst** mit deinen Augen über den Text und siehst dir die
wichtigen Dinge an:
Bilder, Überschrift, Zwischenüberschriften und **fett
gedruckte Wörter.**
Dann überlegst du, worum es in dem Text gehen könnte.

3 Wovon könnte der Text handeln? **Schreibe** in dein Heft.

Außerirdisches Leben – einen Text lesen und verstehen

1 Schritt 1: Aktiviere dein Vorwissen.
Welches Wort passt zu dem Bild und zur Überschrift des Textes?
Kreuze an.

☐ Alien ☐ Planeten ☐ Raumschiff ☐ Mondlandung

2 Schritt 2: Überfliege den Text.
Verschaffe dir einen ersten Eindruck vom Thema. **Schau** dir das
Bild **an** und lies die Überschrift und die fettgedruckten Wörter.

3 **Lies** den Text. Du kannst auch das Arbeitsblatt benutzen.

Außerirdisches Leben

Arbeitsblatt
WES-127533-011

 _____

In Filmen begegnen sie uns oft: **Außerirdische**. Doch
im echten Leben gibt es keine Beweise, dass es Leben
außerhalb der Erde gibt. Es ist schwierig, **Beweise**
dafür zu finden, weil der **Weltraum** zu riesig ist.
5 **Forscherinnen und Forscher** können deswegen nicht
einfach losfliegen und nachschauen. Es ist viel zu weit.

 _____

Deswegen versuchen Forscherinnen und Forscher mit **Teleskopen**,
Leben auf anderen **Planeten** zu finden. Das sind Geräte, die weit in
den Weltraum sehen können. Es gibt Millionen Planeten. Es sind zu
10 viele, um sie erforschen zu können.

 _____

Die **Erde** ist der einzige Planet, von dem wir wissen, dass es Leben
auf ihm gibt. Forscherinnen und Forscher untersuchen deswegen vor
allem Planeten, die der Erde ähnlich sind. Das sind zum Beispiel Planeten, auf denen es vermutlich flüssiges **Wasser** gibt. Ohne Wasser
15 gibt es wahrscheinlich kein Leben.

D _____

Wissenschaftlerinnen und Wissenschaftler wollen jetzt herausfinden, ob es Leben auf dem Mars gibt. Sie wollen ein **Roboterfahrzeug** auf den Mars schicken. Das soll dann mit einem Bohrer in den Steinen nach Leben suchen. Das hat es noch nie gegeben.

E _____

20 Die Wissenschaftlerinnen und Wissenschaftler machen sich allerdings keine großen Hoffnungen, große Lebewesen zu finden. Dazu sind die **Bedingungen** auf dem Mars zu hart. Vielleicht gibt es kleine Lebewesen, wie **Bakterien**. Grüne **Marsmännchen** wird es jedenfalls nicht geben. (verändert)

4 Schritt 3: Kläre die Bedeutung unbekannter Wörter.
Unterstreiche unbekannte Wörter. Schlage sie im Wörterbuch nach oder gucke in das Weltraumwörterbuch auf Seite 54.

5 Schritt 4: Finde Überschriften für die Textabschnitte.
Schreibe Überschriften für die Textabschnitte auf die Linien. Die fettgedruckten Wörter helfen dir dabei, Überschriften zu finden.

6 Schritt 5: Überprüfe, ob du den Text verstanden hast.
Kreuze an, ob die Aussagen richtig oder falsch sind.

	richtig	falsch	Zeile
In Filmen und im richtigen Leben begegnen uns oft Außerirdische.	☐	☐	
Forscherinnen und Forscher suchen mit Teleskopen nach Leben auf anderen Planeten.	☐	☐	
Es gibt viele Planeten, auf denen es Leben gibt.	☐	☐	
Ohne Wasser gibt es kein Leben auf anderen Planeten.	☐	☐	

7 **Trage** die Zeilenangabe der richtigen Aussagen in die Tabelle **ein**.

Alles klar? – Teste dich selbst!

1 **Ordne** die Schritte der Lesemethode für Sachtexte in die richtige Reihenfolge.

- [ ] Finde **Überschriften** für die Textabschnitte.
- [ ] **Überfliege** den Text.
- [ ] **Überprüfe**, ob du den Text verstanden hast.
- [1] Aktiviere dein **Vorwissen**.
- [ ] Lies den Text. Kläre die **Bedeutung unbekannter Wörter**.

2 **Lies** den Text mit der Lesemethode für Sachtexte, Schritt 1-3.

Menschen auf dem Mars?

Ⓐ _____

Im Jahr 2023 wollen 4 Astronauten zum **Mars** fliegen, um dort zu leben. Irgendwann sollen 40 Menschen auf dem Mars leben.

Ⓑ _____

Die Menschen würden auf dem Mars in **Wohnungen** wohnen. Diese würden sie selten verlassen. Draußen könnten sich die Menschen nur
5 im **Raumanzug** bewegen, da sie draußen nicht atmen können und es viel zu kalt ist.

Ⓒ _____

Die Astronauten müssen lernen, in einer **kleinen Gruppe** ohne Kontakt zu anderen Menschen zu leben. Das ist für viele Menschen schwer. Sie müssen auch lernen, **Essen anzubauen**, **Dinge zu repa-**
10 **rieren** und wie sie **sich versorgen** können, wenn sie krank sind.

3 **Schreibe** passende Überschriften für die Textabschnitte auf die Linien.

Tipps aus der Erzählwerkstatt – wir erzählen

1   **Schau** dir die Bilder **an**. Was könnten sich die Kinder erzählen?

2   Wähle ein Bild aus und beschreibe die abgebildete Situation. **Vervollständige** den Lückentext.

Die Personen in Bild ____ sind wahrscheinlich _____

sie erzählen sich _____

_____ .

Das lernst du in diesem Kapitel

In diesem Kapitel lernst du
- den Aufbau einer Erzählung kennen,
- Erzählungen zu planen und
- selbst spannende Erzählungen zu schreiben.

Das glaubt ihr nicht ... – mündlich erzählen

1 Lena erzählt in der Schule ein Erlebnis. **Lies** die Erzählung.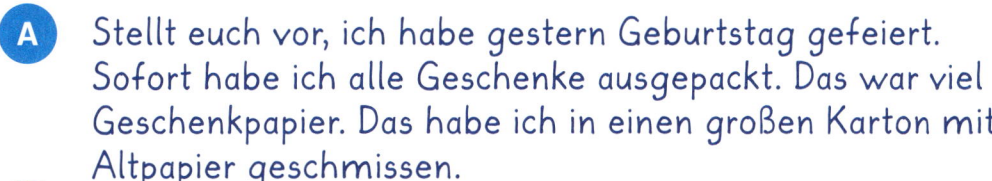

A Stellt euch vor, ich habe gestern Geburtstag gefeiert. Sofort habe ich alle Geschenke ausgepackt. Das war viel Geschenkpapier. Das habe ich in einen großen Karton mit Altpapier geschmissen.

B Auf einmal ist mir aufgefallen: Meine Katze Miepi war weg! Einfach verschwunden! Die ganze Familie hat sofort nach ihr gesucht. Überall!

C Mein kleiner Bruder hat geweint. Wir haben das ganze Haus abgesucht. Als Papa gerade die Garage durchsuchte, hörte er ein leises Miauen. Stellt euch vor, Miepi hatte sich im Altpapier versteckt! Gott sei Dank, dass Papa sie gefunden hat. Sonst hätte die Müllabfuhr sie am nächsten Tag mitgenommen!

2 Lena hat ihr Erlebnis in einer bestimmten Reihenfolge erzählt. **Ordne** die die Abschnitte den Erzählschritten **zu**.

( ) Schluss   ( ) Hauptteil   ( ) Einleitung in die Erzählung

3 Wenn du mündlich erzählst, ist es wichtig, wie du dabei sprichst. **Höre** dir Lenas Erzählung an.  Audio WES-127533-012

Von einem Erlebnis mündlich erzählen
Wenn du ein Erlebnis oder eine Geschichte erzählst, erzähle immer **Schritt für Schritt**. Sonst kommen deine Zuhörerinnen und Zuhörer durcheinander.
Der spannendste Teil der Geschichte ist der **Höhepunkt**, den solltest du besonders spannend erzählen.
Sprich **laut**, **deutlich**, **nicht zu schnell** und mache **Pausen**.
Schau deine Zuhörerinnen und Zuhörer **an**.
Mit deinem **Gesichtsausdruck** (Mimik) und deinen **Bewegungen** (Gestik) kannst du die Geschichte begleiten.

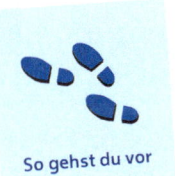
So gehst du vor

Einleitung, Hauptteil, Schluss … – den Aufbau einer Erzählung untersuchen

 1 Die Teile von Piets Geschichte sind durcheinandergeraten. **Nummeriere** sie in der richtigen Reihenfolge von 1-4.

Ich überlegte kurz. Dann nahm ich meinen ganzen Mut zusammen und betrat den Park. Niemand war zu sehen. Die Bäume wiegten sich im Wind. Im Gebüsch raschelte es merkwürdig.

Plötzlich knackte ein Zweig hinter mir. Ich hörte Rascheln auf dem Weg. Jemand verfolgte mich. Voller Panik ging ich schneller und schneller. Aber ich war nicht schnell genug.

1 Es war ein windiger Abend und ich war auf dem Weg nach Hause. Ich hatte es eilig, denn ich war schon spät dran. Eigentlich soll ich im Dunkeln nicht durch den Park gehen, aber es war eine gute Abkürzung.

Starr vor Angst blieb ich stehen. Langsam drehte ich mich zu meinem Verfolger um. Ein Hundegesicht tauchte vor mir auf. Er wollte nur gestreichelt werden. Mir fiel ein Stein vom Herzen. Ich schaffte es noch pünktlich nach Hause. Der Hund kam mit.

Das kannst du dir merken

Der Aufbau einer Erzählung
Einleitung: Hier sagst du, **wann** und **wo** deine Erzählung stattfindet und **wer** darin vorkommt.
Hauptteil: Im Hauptteil erzählst du das eigentliche
Geschehen. Damit es richtig spannend ist, steigerst du die Spannung bis zum **Höhepunkt.**
Schluss: Hier sagst du, wie die Geschichte **ausgeht.**

 2 **Ordne** nun folgende Begriffe den Textteilen **zu.**

◯ Schluss   ◯ Höhepunkt

◯ Spannungssteigerung   ◯ Einleitung

 3 **Schreibe** die Geschichte in der richtigen Reihenfolge in dein Heft.

Vater und Sohn – zu einer Bildergeschichte erzählen

1 **Schau** dir die Bildergeschichte **an.** Du kannst auch das Arbeitsblatt benutzen.

 **Arbeitsblatt**
WES-127533-013

2 Neben jedem Bild steht, was in dem Bild passiert, aber es gibt noch Lücken. **Setze** die Wörter aus dem Wortspeicher **ein**.

Sohn spielt im Zimmer mit dem Ball / Tritt Ball in Fenster / Scheibe kaputt / Vater und Sohn streiten / _____

_____

_____ / 19 Uhr /

Vater guckt auf die Uhr

21 Uhr / _____

_____ /

Vater läuft im Wohnzimmer hin und her

Vater sucht im Park / verzweifelt / Sohn nicht da / _____

_____

Vater kommt zurück / Ball kommt von innen durch das Fenster geflogen / Scheibe kaputt / _____

_____

Sohn kommt aus dem Haus gelaufen / ihm geht's gut / Vater erleichtert / _____

_____

Sohn läuft weg • Vater ruft den Sohn (Noah) • Vater sitzt auf dem Sofa • Vater macht sich Sorgen • Vater bekommt Ball an den Kopf • Vater und Sohn umarmen sich

Tipps aus der Erzählwerkstatt – eine Erzählung schreiben

Tipp 1: Den Erzählanfang spannend gestalten

1 Beginne deine Geschichte. **Trage** dazu den Ort und die Zeit der Handlung **ein**. Erzähle aus der Sicht des Vaters.

Es war _____ (Zeit). Ich und mein

Sohn Noah waren _____ (Ort).

2 Mache nun den Leser neugierig. **Kreuze** den passenden Satz **an**.

Ich ahnte es noch nicht, aber dieser Tag sollte richtig aufregend werden. Ich hatte so richtig Angst um Noah.

Noah ist weggelaufen. Das fand ich nicht gut.

3 Beschreibe die Situation. **Vervollständige** den Satz.

Alles fing ganz harmlos an. Ich saß so richtig gemütlich im

_____ und las ein spannendes Buch. Mein Sohn

Noah spielte in seinem Zimmer mit einem _____.

4 Erzähle nun, wie es weitergeht. **Vervollständige** den Satz.

Plötzlich hörte ich _____. Ich rannte schnell

zur Tür und sah, dass _____

_____.

Ich schrie Noah an und er _____.

Tipp 2: Gedanken und Gefühle wiedergeben

1 Schau dir die beiden Bilder genau an. Was denkt der Vater? **Mache dir Notizen** in deinem Heft.

2 **Schreibe auf**, wie es weitergeht. Was denkt sich der Vater?

Ich setzte mich wieder auf das Sofa. Ab und zu schaute ich

auf die Uhr. Noah kam und kam nicht wieder zurück. Langsam

machte ich mir Sorgen. Ich dachte: „＿＿＿＿＿＿＿＿＿＿＿＿

＿＿＿＿＿＿＿＿＿＿＿＿＿＿＿＿＿＿＿＿＿＿＿＿＿＿＿."

Es wurde immer später. Noah kam nicht. Ich schaute immer

wieder auf die Uhr. Jetzt war es schon ＿＿＿＿＿＿＿＿＿＿.

Unruhig lief ＿＿＿＿＿＿＿＿＿＿＿＿＿＿＿＿＿＿＿＿.

Voller Panik dachte ich: „＿＿＿＿＿＿＿＿＿＿＿＿＿＿＿

＿＿＿＿＿＿＿＿＿＿＿＿＿＿＿＿＿＿＿＿＿＿＿＿＿＿＿."

Gedanken und Gefühle wiedergeben

Am besten erzählst du eine Geschichte aus der **Sicht** einer Figur, die die Geschichte erlebt hat. Das nennt man **Erzählper-spektive** (Sicht) in der **Ich-Form** (die Figur, die alles erlebt hat). Erzähle die Gedanken dieser Figur mit der **wörtlichen Rede**. Ich dachte: „Oh nein, hoffentlich ist Noah nichts passiert!" **Beschreibe anschaulich**, was in der Figur vorgeht. Nervös schaute ich auf die Uhr. Übrigens: eine Figur ist eine Person in einer Geschichte.

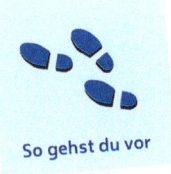

So gehst du vor

Tipp 3: Den Höhepunkt besonders spannend machen

1 Jetzt geht es um den Höhepunkt der Geschichte. Das ist der Teil, der sehr spannend geschrieben sein sollte. **Schau** dir das Bild an.

2 **Setze** die Wörter aus dem Wortspeicher ein. Manche sind nicht spannend, diese solltest du nicht nehmen.

Draußen wurde es dunkel und kalt. Der Wind bließ durch

_____. Ich hatte keine Ruhe mehr. So

schnell ich konnte rannte ich los. Ich suchte _____

_____ nach Noah. Ich brüllte _____

_____. Ich war _____ und

Tränen liefen über meine Wange. Aber egal, _____

_____, es kam keine Antwort von Noah. Bald

war es zu dunkel, um weiter nach Noah zu suchen.

> die kargen Bäume • die Welt • verzweifelt • ein bisschen • wie
> laut ich rief • dachte ich mir so • mich fast heiser • manchmal •
> aufgewühlt • nicht gut drauf

Tipp 4: Den Schluss gestalten und eine Überschrift finden

1 Die Geschichte braucht noch einen spannenden Schluss. **Lies** die beiden Abschnitte.

A Als ich nach Hause kam, war Noah da. Alles war ok.

B Niedergeschlagen ging ich nach Hause. Ich wollte gerade die Tür aufschließen, da prallte mir ein Ball an den Kopf. Noah hatte ihn durch das Fenster geschossen! Ich war so erleichtert, dass ich nicht böse sein konnte.

2 **Wähle** den Schluss **aus**, der besser gelungen ist. Überlege dabei: In welchem Abschnitt erfährst du, wie der Vater merkt, dass Noah zu Hause ist? In welchem Abschnitt werden die Gefühle des Vaters beschrieben?

Der gelungene Schluss ist ◯ .

3 Die Geschichte braucht eine Überschrift. **Kreuze** die passende **an**.

☐ Scherben bringen doch Glück

☐ Was gestern so passiert ist

4 **Schreibe** nun alle passenden und vollständigen Teile der Geschichte von Seite 66–69 in dein Heft.

Schreiben

Wenn du eine Erzählung schreibst, solltest du sie spannend und anschaulich machen. Das kannst du erreichen, wenn du Adjektive einsetzt.

1 Mache diese Auszüge aus Erzählungen spannender, indem du Adjektive hinzufügst. **Setze** die Adjektive aus dem Wortspeicher **ein.**

- alt
- neugierig
- durch-
  sichtig
- gemein
- giftig
- mutig

A Die _____ Kinder gingen gespannt in das _____ Schloss hinein. Plötzlich schwebte ein _____ Gespenst vorbei.

B Die _____ Lea kämpfte mit dem _____ Drachen. Er spuckte Feuer und _____ Dampf kam aus seinem Maul.

Mit Adjektivattributen spannend erzählen
Mit Adjektiven, die zum Nomen gehören (Adjektivattribute), kann man eine Erzählung lebendiger gestalten. Sie beschreiben Personen und Gegenstände näher. Du kannst auch mehrere Adjektive verwenden:
Der Wald → Der **tiefe, dunkle** Wald
Das Kind → Das **kleine, traurige** Kind

Das kannst du dir merken

2 **Setze** passende Adjektivattribute **ein.**

Plötzlich kam ein _____ Junge auf mich zu. Er trug eine _____ Torte. Er warf sie auf mein Gesicht. Jetzt war meine Nase voll mit _____ Sahne.

Jetzt bist du dran! – Eine eigene Erzählung schreiben

1 **Schau** dir die Bildergeschichte an. Gib mündlich wieder, was in der Geschichte passiert. Du kannst auch das Arbeitsblatt benutzen.

Arbeitsblatt
WES-127533-014

2 **Vervollständige** den Erzählplan zu der Geschichte. Schreibe aus der Sicht des Sohnes (Noah).

Erzählplan	
Wann? _____ Wo? _____ Wer? _____	
Einleitung Bild 1 Bild 2	Eines Tages im Winter _____ _____. Ich war sehr traurig, als ich am nächsten Morgen _____ _____.
Hauptteil Bild 3 Bild 4 **Spannungs- steigerung** Bild 5 **Höhepunkt** Bild 6 Bild 7	Doch Papa und ich hatten einen Plan. Wir bauten einen _____ _____ _____. Schließlich setzte ich _____. Das Kostüm war perfekt! Gespannt schaute ich aus dem Fenster. Da kam er auch schon! Schon wieder schubste _____ _____. Aber dann erlebte er eine böse Überraschung! _____ _____. Ich dachte: „_____ _____!" _____
Schluss Bild 8	Als der Mann sich umdrehte, stand da ____ _____ _____.

3 **Schreibe** die Geschichte in dein Heft. Finde auch eine passende Überschrift.

Alles klar? – Teste dich selbst!

1 **Schau** dir das Bild **an**. Wie ist es wohl zu dieser Situation gekommen?

2 Der Anfang der Geschichte ist durcheinander. Ordne den Textteilen folgende Begriffe zu und **schreibe** sie auf die Linie.

_____: Richard ärgerte mich: „Du traust dich niemals, von der Brücke zu springen!" Trotz der warmen Sonne wurde mir ganz kalt. Ich hatte Angst. Ich dachte ...

_____: Dem würde ich es zeigen! Ich kletterte über das Geländer und machte mich zum Sprung bereit.

_____: Nachmittags nach der Schule verabredete ich mich mit meinen Freunden zum Baden im Kanal. Es war ein schöner, sonniger Tag.

Einleitung • Spannungssteigerung • Höhepunkt

3 **Schreibe** die Geschichte vollständig in dein Heft. Überlege dir einen spannenden Hauptteil und einen passenden Schluss. Suche dir auch eine Überschrift aus, die neugierig macht. Hier sind ein paar Ideen für deine Geschichte:

Ich landete in einem Schlauchboot • im letzten Moment packte mich Thilo am Arm • Da rief ein Angler vom Ufer zu uns hoch

Vorhang auf, Bühne frei! – Theater spielen

 1 **Beschreibe** die Bilder.

_____

_____

_____

_____

 2 Warum verkleidet sich ein Schauspieler? **Schreibe** deine
Vermutung auf die Linien.

_____

_____

**Das lernst du
in diesem Kapitel**

In diesem Kapitel lernst du
- Gefühle durch die Stimme auszudrücken und
- die Handlung eines Theaterstücks zu erschließen.

Auf den Ton kommt es an! – Gefühle mit der Stimme ausdrücken

1 Schau dir die Bilder an. Wie würden die Kinder den Satz „Ich muss mal mit dir reden!" sagen? **Sprich** den Satz laut.

2 Stell dir folgende Situationen vor. **Sprich** den Satz „Ich muss mal mit dir reden!" so, dass er zu der Situation passt.

a) Du willst deinem Freund unbedingt etwas Schönes erzählen.
b) Dein Bruder hat Mist gebaut und du willst mit ihm darüber reden.
c) Deine Freundin verhält sich ganz anders als sonst und es geht ihr vielleicht nicht gut.
d) Du willst etwas von deiner Mutter, was sie dir schon verboten hat.

3 Wie heißt dein bester Freund oder deine beste Freundin? **Sprich** den Vornamen so **aus**, dass Folgendes deutlich wird:

a) Du freust dich, ihn/sie zu sehen.
b) Du machst ihr/ihm einen Vorwurf.
c) Du bist beleidigt wegen ihm/ihr.

75

4 In welcher Stimmung befinden sich die Personen auf den Bildern? Hör dir die Personen an oder schau dir die Bilder an. **Kreuze an.**

Audio
WES-127533-015

Zina

Räum dein Zimmer auf!

☐ wütend

☐ belehrend

☐ scherzhaft

Frau Schröder

Du darfst jetzt nicht mehr fernsehen! Du musst morgen früh aufstehen.

☐ wütend

☐ belehrend

☐ scherzhaft

Silas und Ria

Wenn du mich nochmal zum Lachen bringst, platzt mir der Bauch!

☐ wütend

☐ belehrend

☐ scherzhaft

5 Entscheide, wie du die Sätze sprechen würdest. Hör dir die Sätze an oder schau dir die Bilder an. **Kreuze an.**

Audio
WES-127533-016

Ich habe heute keine Lust mit dir zu spielen.

☐ laut ☐ leise

Darf ich dich bitte kurz einmal stören?

☐ laut ☐ leise

Jetzt ist aber Schluss hier!

☐ laut ☐ leise

Sprechen und Zuhören

Silas möchte, dass du in sein Freundebuch schreibst.

1 So sehe ich als Emoji aus:

2 Was fühlst du in diesen Situationen? **Kreuze an**.

Wenn ich einen Gruselfilm sehe, bin ich

☐ ängstlich ☐ aufgeregt ☐ entspannt.

Wenn ich was vergesse, bin ich

☐ verärgert ☐ wütend ☐ locker.

3 **Vervollständige** die Sätze mit Wörtern aus dem Wortspeicher oder eigenen passenden Wörtern.

Wenn ich an die Schule denke, fühle ich mich

_____.

Wenn ich mein Lieblingsessen bekomme, bin ich

_____.

Morgens vor der Schule bin ich

_____.

Wenn eine Spinne auf mich zu krabbelt, bin ich

_____.

gelangweilt • aufgeregt • fröhlich • dankbar • cool •
durcheinander • ängstlich • aufgedreht • gut gelaunt •
miesepeterig • nachdenklich • nervös • lässig

Die Elterntauschzentrale – ein Theaterstück erschließen

Du liest gleich ein Theaterstück über die Elterntauschzentrale. Hier können Kinder ihre Eltern eintauschen, wenn sie sie nervig finden.

1 | **Lies** den Text oder hör ihn dir an.

🌐 Audio
WES-127533-017

Die Elterntauschzentrale
Eine Nacherzählung nach Anette Fischer (Text verändert)

Werber: Hallo, Kinder! Bestimmt habt ihr euch schon mal über eure Eltern geärgert. Dauernd sind eure Eltern im Stress. Sie nerven euch nur. Doch damit ist jetzt Ende. Tauscht eure Eltern einfach ein bei uns, der Elterntauschzentrale (ETZ)! Ruft einfach
5 bei uns an. Mozzarella von Mackenstein hilft euch gerne.

Vorhang zu. Vorhang auf. Das Bühnenbild sieht jetzt so aus:

Mozzarella von Mackenstein: Guten Tag, liebes Kind. Du bist mit der ETZ verbunden. Mein Name ist Mozzarella von Mackenstein. Wie kann ich dir helfen?

Karla: Hallo, Frau von Mackenstein. Hier ist Karla. Ich habe
10 nur noch Stress mit meinen beiden Eltern. Ich darf einfach gar nichts. Keine Schokolade, kein PC-Spielen und kein Fernsehen. Sie wollen, dass ich mein Zimmer aufräume. Und das fast jeden Tag! Bitte tauschen Sie meine Eltern für einen Tag ein.

Mozzarella von Mackenstein: Alles klar, liebe Karla. Ich tau-
15 sche deine Eltern gegen Eltern, die das alles ganz anders machen. Viel Spaß mit den neuen Eltern!

Vorhang zu. Vorhang auf. Das Bühnenbild sieht jetzt so aus:

PC-Vater: Wow, den habe ich abgeschossen. Juhu, jetzt bin ich im nächsten Level!

Karla: Was essen wir denn gleich zum Abendessen zusammen?
20 Hey, ich habe Hunger! Was habt ihr gekocht?

TV-Mutter: Wieso kochen? Du siehst doch, dass du hier alles essen kannst, was du willst. Egal wann. Hier braucht keiner mehr kochen.

Karla: Hier gibt es ganz viel Süßes, ja. Das sehe ich. Aber von
25 Schokolade werde ich nicht richtig satt. Auch wenn ich sie gerne mag.

TV-Mutter: Karla, falls du was anderes willst als Schokolade, dann geh in die Küche. Bediene dich einfach. Mir egal, was du isst. Wir haben ja eine Mikrowelle. Mach dir so viel du willst.

30 **Karla**: Aber ich bin doch erst 11 Jahre alt! Kann nicht wenigstens einer von euch beim Essen dabei sein?

TV-Mutter: Hör bitte auf zu quengeln, Karla. Wie du siehst läuft gerade meine Lieblingsfernsehsendung, Shopping TV. Ich will jetzt meine Ruhe dabei. Ich will noch mehr TV gucken.

35 **PC-Vater**: Jetzt ist hier aber Schluss mit Reden! Das Alien hat mich glatt erwischt, nur weil ihr hier redet.

Karla: Oh, wie schrecklich, diese neuen Eltern! Da wünsche ich mir meine alten Eltern zurück. Da werde ich gut versorgt und man hat Zeit für mich. Zum Glück ist der Tag bald vorbei!

2 **Beantworte** folgende Fragen zu dem Theaterstück.

a) Was heißt die Abkürzung ETZ? _____.

b) Wer kommt in dem Theaterstück vor? _____

_____.

c) Wo spielt das Theaterstück? _____.

d) Für wie lange werden die Eltern bei der Elterntauschzentrale

eingetauscht? _____.

e) Was mag Karla gerne zu essen, wird davon aber nicht satt?

_____.

3 Wie nennt man die Textsorte, die du gerade gelesen hast?
Kreuze an.

☐ Drama   ☐ Kurzgeschichte   ☐ Gedicht

4 **Schreibe auf**, wie sich die TV-Mutter fühlt, als Karla sie bittet,
etwas zu kochen.

Der Mutter fühlt sich_____,

weil _____.

5 **Schreibe auf**, was Karla durch den Kopf geht und wie sie sich
fühlt, als ihr klar wird, dass sie bald wieder zu ihren richtigen
Eltern zurück kann.

Bei dem Gedanken, dass Karla ihre alten Eltern zurücktau-

schen kann, fühlt sich Karla _____,

weil ihre neuen Eltern _____.

Alles klar? – Teste dich selbst!

1 Wodurch kannst du Emotionen ausdrücken? **Kreuze an.**

☐ durch die Betonung der Worte

☐ durch die Elterntauschzentrale

2 In dieser Szene geht es um die Erfahrungen von Jan mit der ETZ. **Lies** die Szene.

Jan: Hallo, Frau von Mackenstein. Ich wollte mich beschweren über die Elterntauschzentrale. Zuerst dachte ich noch, dass es toll wäre, wenn ich andere Eltern hätte. Aber es war richtig blöd!

Mozzarella von Mackenstein: Super, Jan. Dann hast du alles
5 gelernt, was es zu lernen gab. Viel Spaß bei deinen alten Eltern.

Jan: Nein, halt, Frau von Mackenstein! So einfach ist es nicht. Ich hatte einen schlimmen Tag bei diesen neuen Tausch-Eltern. Eine Katastrophe! Was sollen Kinder dabei lernen?

10 **Mozzarella von Mackenstein**: Dass die eigenen Eltern gar nicht so schrecklich sind, wie man denkt. Und, dass Regeln gut sein können.

3 **Beantworte** die Fragen zu der Szene.

a) Wer kommt in der Szene vor? _____

b) Was sollen Kinder bei der Elterntauschzentrale lernen?

1. _____

2. _____

4 Wie fühlt sich Jan jetzt wohl? **Kreuze an**.

☐ verärgert ☐ er freut sich ☐ nachdenklich

Kleine Dinge mit großer Wirkung – Gegenstände und Vorgänge beschreiben

1 Um welches Tier handelt es sich bei der Bastelarbeit? **Schreibe** auf die Linie.

Die Bastelarbeit ist_____.

2 Welche Farben wurden bei der Bastelarbeit verwendet? **Markiere**.

grün • rosa • blau • gelb • orange • weiß • pink • lila • schwarz • braun • beige • türkis • dunkelblau • hellgrün • grau

3 Beschreibe die Formen der Biene. **Kreuze** die richtigen Begriffe **an**.

Die Flügel der Biene sind ☐ eckig ☐ spitz ☐ halbrund.

Die Augen sind ☐ rund ☐ zackig ☐ halbrund.

Der Körper ist ☐ rund und länglich ☐ gerade und eckig.

4 Der Körper der Biene hat die Farben gelb und braun. Wie sind die Farben angeordnet? **Kreuze an**.

☐ schräg gestreift ☐ längs gestreift ☐ quer gestreift

5 Was ist am Kopf der Biene angebracht? **Schreibe** in dein Heft.

Das lernst du in diesem Kapitel

In diesem Kapitel lernst du

- Bastelarbeiten zu beschreiben,
- den Vorgang des Bastelns zu beschreiben und
- eine Bastelanleitung sprachlich zu verbessern.

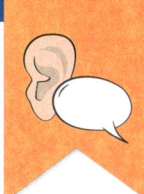

Sprechen und Zuhören

Eine Bastelarbeit kann verschiedene Eigenschaften und Formen haben. Einige davon lernst du nun kennen.

1 Welche Form passt am besten zu den Bastelarbeiten? **Ordne** die Begriffe den Bildern **zu**. Zwei Begriffe brauchst du nicht.

rund • kantig • oval • länglich • kurz • geschwungen

Das Schiffchen ist
_____.

Die Biene ist
_____.

Die Ostereier sind
_____.

Die Jonglier-
bälle sind
_____.

2 Welches Muster passt zu den Bildern? **Ordne** die Begriffe **zu**.

quer gestreift • gepunktet • marmoriert • kariert

Der Marienkäfer ist
_____.

Die Biene ist
_____.

Das Hemd ist
_____.

Die Kerzen sind
_____.

3 Suche dir zwei Muster aus dem Wortspeicher aus und **male** sie in dein Heft.

längs gestreift • schräg gestreift • gepunktet • kariert

4 Denke dir noch weitere Muster aus und **male** diese in dein Heft.

Sie sind rund und man kann damit spielen ... – gebastelte Jonglierbälle beschreiben

 1 Schau dir das Bild oben genau an. **Beantworte** dann die Fragen.

a) Was für eine Bastelarbeit ist auf dem Bild zu sehen?

_____

b) Welche Farben hat die Bastelarbeit?

_____

c) Wie groß ist die Bastelarbeit ungefähr?

_____

d) Was für Materialien braucht man für die Bastelarbeit?

_____

e) Was hat das Kind auf die Bastelarbeit gemalt?

_____

2 Gefällt dir die Bastelarbeit? Begründe deine Entscheidung und **vervollständige** den Satz.

Mir gefällt diese Bastelarbeit (nicht), weil _____

_____ .

3 Beschreibe die Jonglierbälle in einem zusammenhängenden Text. **Setze** dazu die passenden Begriffe in die Lücken **ein**.

Die Bastelarbeiten sind _____. Sie haben

die Farben _____. Die Jonglierbälle

sind _____ groß. Als Hülle wurden

_____ verwendet. Die Bälle sind

_____.

So bastelt man die Jonglierbälle: Das Innere der Jonglierbälle

muss fest sein. Dazu verwendet man _____

_____. Es gibt einen <u>inneren und einen äuße-</u>

<u>ren</u> Luftballon, sie haben verschiedene _____. Die Luft-

ballons werden _____ und nacheinander über das

Päckchen Mehl gezogen.

> Jonglierbälle • etwa 6-8 cm • gelb, grün und orange • rund •
> Luftballons • ~~inneren und einen äußeren~~ • abgeschnitten •
> ein kleines Päckchen mit Mehl • Farben

4 **Schreibe** den Text aus Aufgabe 3 in dein Heft.

5 **Gestalte** deinen eigenen Jonglierball in deinem Heft. ☆

6 **Beschreibe** nun deinen Jonglierball. Die Sprachbox hilft dir.

> Für meinen Jonglierball habe ich die Farben ... ausge-
> wählt. • Mein Jonglierball hat eine besondere Verzierung,
> nämlich ... • Ich habe meinem Ball ein kariertes/gestreif-
> tes/gepunktetes Muster gegeben. • Die Besonderheit an
> meinem Jonglierball ist, dass ...

Sprachbox

Der Hut befindet sich auf ... – Bastelarbeiten mit Präpositionen genau beschreiben

Du kannst eine Bastelarbeit besonders genau beschreiben, wenn du Präpositionen nutzt. Sie geben zum Beispiel an, wo sich Dinge genau befinden. Präpositionen sind Wörter wie **unter, auf, daneben, darunter, darüber, links von, rechts von** und weitere.

1 Beschreibe die Bastelarbeit auf dem Bild. **Kreuze an.** Es handelt sich um ...

☐ einen blauen Weihnachtsbaum.

☐ einen Vogel aus einem Tannenzapfen.

☐ einen Hund aus einem Tannenzapfen.

2 **Markiere** die Dinge, die man für die Bastelarbeit braucht.

Geschenkpapier • buntes Klebeband • weiße Federn • eine grüne Zipfelmütze • ein Tannenzapfen • rote Federn • ein gelber Schnabel • kleine schwarze Augen • große weiße Augen mit schwarzen Pupillen • ein gelber Hut • ein bunter Eierbecher • blaue Farbe

3 **Kreuze an**, ob die Aussagen zu der Bastelarbeit richtig oder falsch sind.

	richtig	falsch
Der gelbe Schnabel befindet sich über den Augen.	☐	☐
Der gelbe Hut befindet sich auf dem Zapfen.	☐	☐
Links und rechts sind rote Federn angebracht.	☐	☐
Der Tannenzapfen steht neben einem bunten Eierbecher.	☐	☐

4 Korrigiere die falschen Aussagen. **Schreibe** in dein Heft.

5 **Setze** die passenden Wörter aus dem Wortspeicher in die Lücken **ein**.

neben • über • auf • vor • an • zwischen

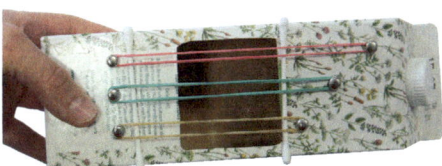

Die Gitarrensaiten sind _____ das Loch in der Milchtüte gespannt.

Das Einhorn befindet sich _____ dem blauen Hintergrund.

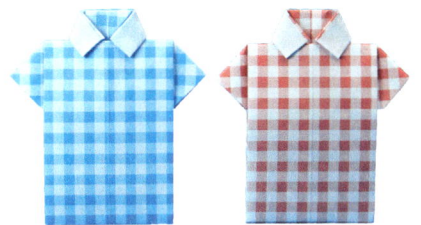

Das rote Hemd befindet sich _____ dem blauen Hemd.

Das Ei mit dem orangen Hütchen steht _____ den anderen.

_____ der Schnur hängen Gespenster.

Der Hubschrauber steht _____ dem Tisch.

6 **Schreibe auf**, wo sich die einzelnen Teile der Bastelarbeit befinden.

Der Marienkäfer steht _____ dem Regenbogen. Der Regenbogen _____ dem Marienkäfer besteht aus vielen Farben. _____ den Flügeln hat der Marienkäfer schwarze Punkte. Seine Augen befinden sich _____ den Flügeln.

87

Die Bastelarbeit ist eine Blume – Merkmale einer Vorgangsbeschreibung kennen

Markus aus der Klasse 5a hat im Internet ein Bild einer Blume aus Moosgummi gefunden. Die stellt er seiner Klasse nun vor.

  **1** **Beschreibe** die Moosgummiblumen. Achte besonders auf Formen und Farben.

_____

_____

_____

Markus hat auch eine Bastelanleitung gefunden, die er sich auf Karten geschrieben hat. Leider sind sie ihm durcheinandergeraten:

A

Lege die Blütenblätter wie einen Fächer übereinander.

B

Lege den Kreis in die Mitte des Blütenblattes.

E

Verziere deine Blume mit besonderen Mustern, z. B. kariert oder gestreift.

C

Schneide die einzelnen Teile aus.

D

Klebe die einzelnen Teile zusammen.

H
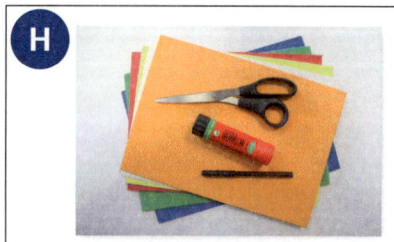
Bevor du bastelst, brauchst du: Moosgummi in verschiedenen Farben, einen Filzstift, eine Schere und Bastelkleber.

F

Eine Moosgummiblume basteln: So geht's!

G

Fertige Schablonen für ein Blatt und einen Kreis an.

 2 Bringe die Karteikarten in die richtige Reihenfolge. **Schreibe auf.**

F, _____

3 **Schreibe** die Bastelanleitung in der richtigen Reihenfolge in dein Heft.

4 **Gestalte** ein besonders schönes Muster für eine Moosgummiblume.

5 **Bastele** die Moosgummiblume. Bestimmt findet ihr einen schönen Platz dafür in eurer Klasse.

6 Schau dir noch einmal Markus' Karten an. **Ordne** sie den einzelnen Bausteinen der Vorgangsbeschreibung **zu.** Lies dazu die Methodenbox.

Überschrift: F,
Einleitung: H ...

Einen Vorgang beschreiben

Wenn du anderen erklären willst, wie man etwas bastelt, beschreibst du diesen Vorgang. So können andere deine Idee nachbasteln. Die **Vorgangsbeschreibung** ist so aufgebaut:

So gehst du vor

Gib deiner Bastelarbeit eine **Überschrift**.
Lege in der **Einleitung** eine **Materialliste** an. Hier schreibst du auf, was man alles zum Basteln braucht und was man vorbereiten muss.
Im **Hauptteil** beschreibst du die **einzelnen Bastelschritte** in einer **sinnvollen Reihenfolge**. Du gehst also **Schritt für Schritt** vor.
Im **Schlussteil** gibst du **Tipps**, wie man die Bastelarbeit besonders gestalten kann oder wo man sie aufhängen kann.

Zuerst, danach, zum Schluss – eine Bastelanleitung verbessern

Bala stellt seiner Klasse eine Anleitung zum Basteln eines Himmel und Hölle Spiels vor.

 1 Bringe die Bilder zu Balas Bastelanleitung in die richtige Reihenfolge. **Schneide** die Bilder am Rand aus und klebe sie an die richtige Stelle in der Anleitung.

1. Du brauchst: ein Papierquadrat und einen Filzstift in einer anderen Farbe als das Papier.	
2. Lege das Blatt Papier vor dich.	**G**
3. Falte die senkrechte und die waagerechte Linie in der Mitte und streiche die Kanten glatt.	
4. Falte die beiden Diagonalen.	
5. Falte alle Ecken zur Mitte.	
6. Drehe das Papier um und falte alle Ecken zur Mitte.	
7. Greife mit deinen Daumen und Zeigefingern von unten in die Ecken.	
8. Male die inneren vier Flächen, die du siehst, wenn du das Spiel zu einer Seite öffnest, mit einem Filzstift aus.	

A

B

C

D

E

F

In einer Bastelanleitung ist es wichtig, dass man die Arbeits-
schritte in der richtigen Reihenfolge angibt. Um diese sprachlich
deutlich zu machen, kannst du folgende Wörter benutzen:
dann • jetzt • anschließend • zuerst • zuletzt • als Erstes
• bevor du ... • zum Schluss • am Ende • nun

Sprachbox

2 **Überarbeite** den Anfang der Bastelanleitung von Max, indem du
die zeitliche Abfolge der Bastelschritte deutlich machst. **Setze**
dazu passende Begriffe aus der Sprachbox **ein**.

Du brauchst _____: ein Papierquadrat und einen Filzstift

in einer anderen Farbe als das Papier. Lege _____ das

Blatt Papier vor dich. Falte _____ die senkrechte

und die waagerechte Linie in der Mitte und streiche die

Kanten _____ glatt. Falte _____ die beiden

Diagonalen. Falte _____ alle Ecken zur Mitte. ...

3 **Schreibe** den Anfang der Bastelanleitung in dein Heft **ab**.

4 **Schreibe** den Rest der Bastelanleitung in dein Heft.

5 **Lies** die Anleitung, die Cem gefunden hat.

1. Material: Papier bzw. Tonpapier, Schere, Tacker
2. Papier in Streifen schneiden
3. Ring aus einem Streifen formen – diesen zusammentackern
4. einen weiteren Papierstreifen durch den Ring ziehen, daraus
den nächsten Ring formen und auch den an den Enden zusammentackern
5. Tipp: Kettengirlanden kann man in vielen verschiedenen Vari-
anten basteln, zum Beispiel: – einfarbig – zweifarbig – kunter-
bunt – verschieden große Kettenglieder

6 **Schreibe** die Bastelanleitung in ganzen Sätzen in dein Heft.

Schreiben

1 **Ordne** die Verben den dargestellten Tätigkeiten **zu**. Schreibe auf die Linien.

> zusammenkleben • falten • anmalen•
> aufkleben • zeichnen • hängen

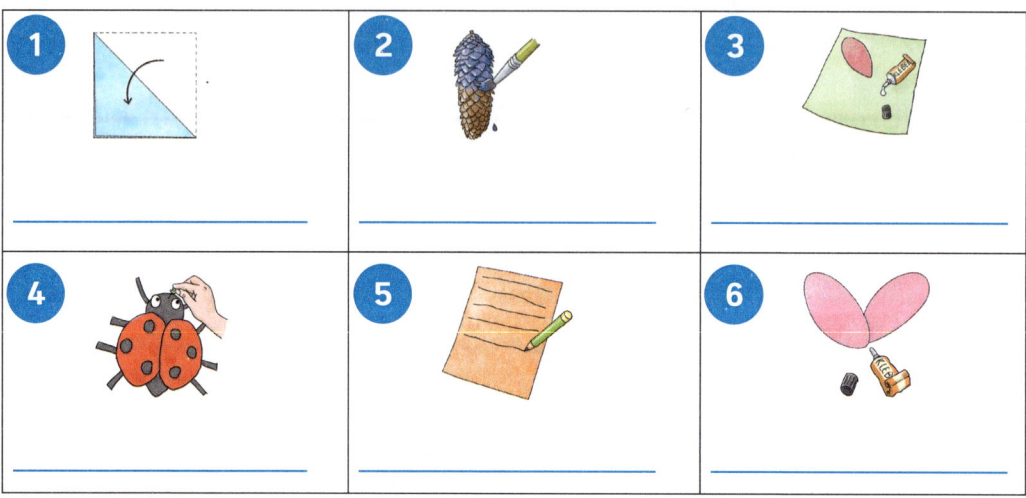

2 Verbessere die folgenden Teile aus Bastelanleitungen. **Setze** ein passenderes Verb als „machen" **ein**.

Hier muss man eine Seite zur anderen ~~machen~~ _____.

Zum Schluss muss man die Bastelarbeit noch mit Farben

~~machen~~ _____.

Jetzt muss man die Blumenblätter noch auf den Karton

~~machen~~ _____.

Wenn du fertig bist, kannst du die Bastelarbeit an die Wand

~~machen~~ _____.

Hier musst du noch Linien auf den Karton ~~machen~~ _____.

Nun musst du die einzelnen Blumenblätter ~~zusammenmachen~~

_____.

Alles klar? – Teste dich selbst!

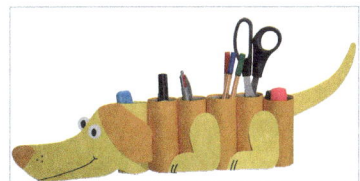

Marc hat im Internet einen Stifthalter in Hundeform entdeckt. Den möchte er nun nachbasteln.

1 **Beschreibe** den Stifthalter in deinem Heft.

2 **Vervollständige** Marcs Bastelanleitung mit den Wörtern aus dem Wortspeicher. Die grün gedruckten Wörter gehören in die grünen Lücken, die blau gedruckten Wörter in die blauen Lücken.

Zum Basteln brauchst du:

Sechs Toilettenpapierrollen, farbigen _____,

doppelseitiges Klebeband, Kleber, zehn Wäscheklammern,

eine _____, einen Filzstift und Butterbrotpapier. Zeichne

_____ die _____ der Körperteile auf das Butter-

brotpapier. Übertrage sie _____ auf den Pappkarton und

schneide die Teile _____ aus. Befestige _____

die fünf Rechtecke mit doppelseitigem _____ an

den Toilettenpapierrollen. An eines von ihnen klebst du vor-

her den Schwanz. Den Kopf klebst du jetzt so fest, dass die

_____ absteht. Klebe die Rollen aneinander und be-

festige die Klebestellen oben und unten mit _____

_____. Warte, bis alles _____ ist. Klebe

_____ Beine, Ohr, Nase und Augen auf und _____

mit dem Filzstift weitere Einzelheiten darauf, etwa das Gesicht.

- nun
- jetzt
- zuletzt
- dann
- zuerst
- anschlie-
  ßend

- Schere
- Pappkarton
- Wäsche-
  klammern
- zeichne
- Umrisse
- getrocknet
- Pappkarton
- Klebeband
- Toilettenpa-
  pierrollen
- Schnauze

Das ist keine Zauberei – Wortarten kennen

Die häufigsten Wortarten heißen Nomen, Verb und Adjektiv. Du hast schon Fragen gelernt, um die Wortarten zu bestimmen.

 1 **Verbinde** die Wortart mit der Frage.

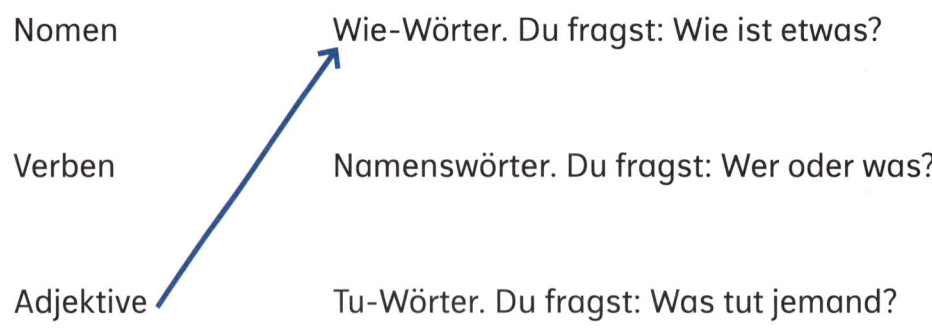

Nomen   Wie-Wörter. Du fragst: Wie ist etwas?

Verben   Namenswörter. Du fragst: Wer oder was?

Adjektive   Tu-Wörter. Du fragst: Was tut jemand?

Das lernst du in diesem Kapitel

In diesem Kapitel lernst du
- die Wortarten Nomen, Verb, Adjektiv, Personalpronomen und Possessivpronomen und ihre Merkmale kennen.

Zauberer, Zauberstab, Zauberei – was Nomen bezeichnen

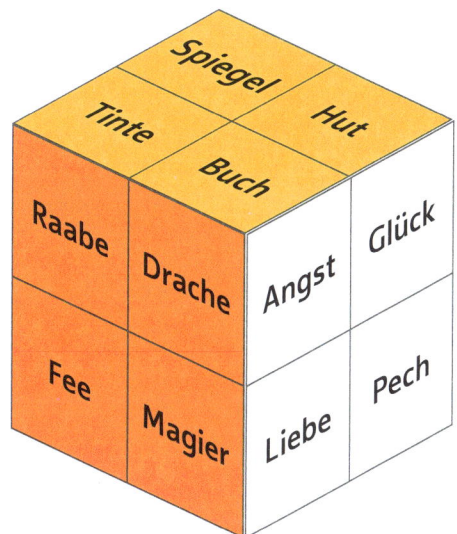

1 **Schau** dir das Bild an. Es ist ein Zauberwürfel. Weißt du, wie ein Zauberwürfel funktioniert? 👁

2 Auf den Seiten des Zauberwürfels stehen Nomen. Die Nomen auf jeder Seite haben etwas gemeinsam. Was ist es? **Schreibe** in dein Heft. ✍

3 **Markiere** den ersten Buchstaben der Nomen in dem Zauberwürfel. Wie wird er geschrieben? 🖊

4 **Vervollständige** die Sätze. ✍

Nomen bezeichnen _____,

_____ und Vorstellungen/Empfindungen.

Sie werden immer _____ .

5 Finde noch jeweils drei weitere Nomen zu den drei Gruppen, die du in Aufgabe 2 kennengelernt hast. **Schreibe** sie in dein Heft. ✍

95

Der Zauberhut, die Zauberin, das Kartenspiel – das grammatische Geschlecht bestimmen

 1 **Schau** dir das Zauberkartenspiel genau an. Zu welcher Wortart gehören die Wörter?

das Ei | das Buch | das Pferd | der Vogel | der Zauberer | der Ring | die Nuss | die Lampe | die Fee

 2 Jeweils drei Karten bilden eine Gruppe von Nomen. **Erkläre**, warum die Karten jeweils eine Gruppe bilden. Schreibe in dein Heft.

Das Genus von Nomen

Das **Genus** (grammatisches Geschlecht) des Nomens wird durch den **Artikel** (Begleiter) angegeben. Es gibt:

Das kannst du dir merken

- das **männliche Genus** (Maskulinum) = **der** Zauberer
- das **weibliche Genus** (Femininum) = **die** Fee
- das **sächliche Genus** (Neutrum) = **das** Buch

Das **natürliche Geschlecht** muss nicht mit **dem grammatischen Geschlecht** übereinstimmen. Es heißt der Junge, aber **das** Mädchen. Und Gegenstände und Gefühle haben gar kein natürliches Geschlecht.

 3 Die Zauberschlange hat viele Wörter verschluckt. **Markiere** sie.

KUGELDWALDXTALHHEXELÖKRAUTDBAUMLPMÄRCHENDFPILZX

 4 **Übertrage** die Tabelle unten in dein Heft und trage alle Wörter aus der Zauberschlange mit ihrem Artikel ein.

der = männlich (Maskulinum)	die = weiblich (Femininum)	das = sächlich (Neutrum)
der Wald		

Das Zauberbild oder ein Zauberbild? – Bestimmte und unbestimmte Artikel

Frieda hat im Spielwarenladen Zauberstifte gekauft, die beim Schreiben die Farbe wechseln. Karim möchte sie auch mal ausprobieren.

1 **Markiere** in den Bildern jeweils den Stift oder die Stifte, die Karim benutzen möchte.

2 Lies den folgenden Lückentext. **Unterstreiche** das passende Wort.

„Hast du einen/den weißen Wachsmalstift?", fragt Frieda Karim. Er zieht einen/den weißen Wachsmalstift hervor. Frieda nimmt ihn und zeichnet einen/den Baum auf ein/das Blatt. „Da kann man ja gar nichts erkennen", sagt Karim. Frieda trägt grüne Wasserfarbe mit einem/dem dicken Pinsel auf ein/das Papier auf. Nun kann Karim den Baum auf dem/einem farbigen Untergrund erkennen. „Das ist ja wie Zauberei!", sagt er.

Die Artikel

Der **bestimmte Artikel (der, die, das)** bezieht sich auf etwas **Bekanntes**.
„Kann ich bitte **den** Stift haben?" = eindeutig **den** einen Stift, kein anderer.
Der **unbestimmte Artikel (ein, eine, ein)** bezeichnet etwas von mehreren oder etwas **Unbekanntes**. Welcher Gegenstand von vielen oder überhaupt welcher, wird nicht genau gesagt.
„Kann ich mal **einen** Stift haben?" = **irgendein** Stift aus deinem Mäppchen.

Das kannst du dir merken

Der Zauberkasten, die Zauberkästen – Plural und Singular von Nomen bilden

1 **Schau** dir die Liste **an**. Welche Dinge sind in dem Zauberkasten?

2 **Markiere** Dinge, die sich nur einmal im Zauberkasten befinden, mit einer Farbe. Markiere Dinge, die mehrfach darin sind, mit einer anderen Farbe.

3 **Ordne** die Dinge, die in der Materialliste stehen, in die Tabelle **ein**. Schreibe den Artikel dazu.

Materialien:

- ein Seil
- 10 Tücher
- ein Zauberstab
- ein Zauberbuch
- 10 Münzen
- 3 Bälle
- ein Kartenspiel
- 3 Becher

Singular	Plural
das Seil	
	die Tücher
der Zauberstab	

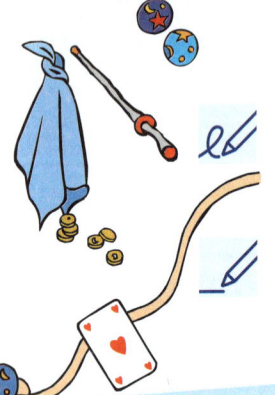

4 **Bilde** die Singularformen und Pluralformen, die noch fehlen.

5 **Unterstreiche** die Buchstaben, die im Plural anders sind als im Singular.

Das kannst du dir merken

Singular und Plural bei Nomen
Nomen haben einen **Numerus** (Anzahl). **Singular** ist die Einzahl (nur eins), **Plural** die Mehrzahl (mehrere).
Die meisten Nomen haben im Plural die Endung **–e** oder **–en**.

Das Hexenhaus ... – die Fälle der Nomen

Die Klasse 5b baut ein Hexenhaus aus Butterkeksen.

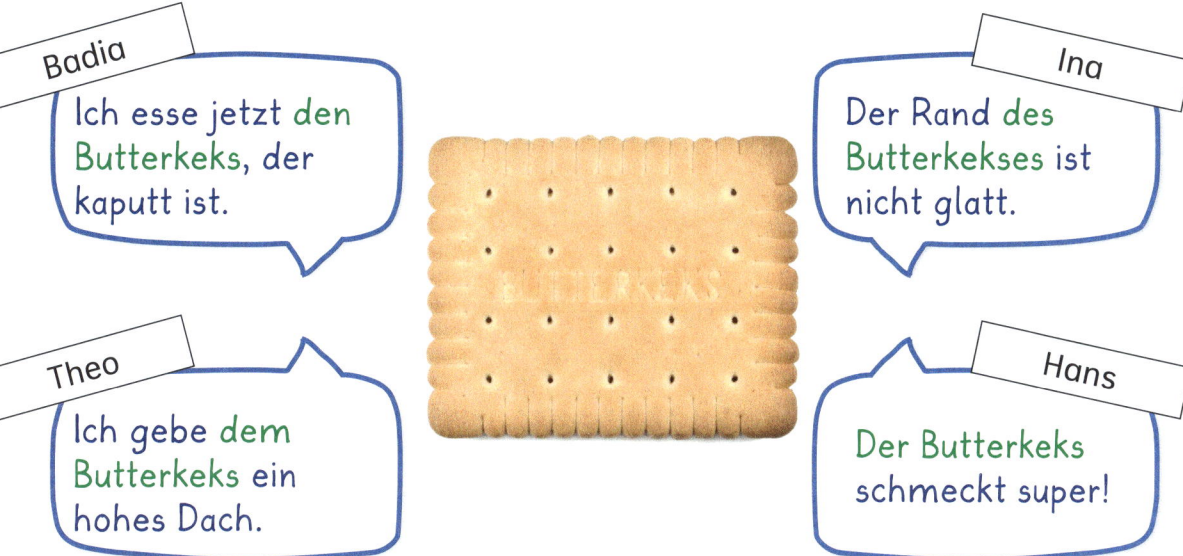

Badia: Ich esse jetzt den Butterkeks, der kaputt ist.

Ina: Der Rand des Butterkekses ist nicht glatt.

Theo: Ich gebe dem Butterkeks ein hohes Dach.

Hans: Der Butterkeks schmeckt super!

1 **Trage** die Aussagen der Kinder zu der richtigen Frage in die Tabelle **ein**.

Frage	Antwort
Wer schmeckt super?	
Wessen Rand ist nicht glatt?	
Wem gibt Theo ein hohes Dach?	
Wen verspeist Badia?	

Die Kasus (= Fälle) der Nomen

Nomen können in vier verschiedenen **Kasus** (= Fällen) stehen. Je nachdem, in welchem Fall sie stehen, verändern die Nomen ihre Form. Auch ihr Begleiter verändert seine Form. Das nennst du **Deklination** (= Beugung).

Das kannst du dir merken

Du bestimmst den Kasus mit der **Kasusfrage**:
Wer oder was wohnt im Lebkuchenhaus? Die Hexe. = Nominativ
Wessen Haus finden die Kinder? (Das Haus) der Hexe. = Genitiv
Wem futtern die Kinder das Haus weg? Der Hexe. = Dativ.
Wen schubsen die Kinder in den Ofen? Die Hexe. = Akkusativ.

Zaubern will gelernt sein – das Verb

 1 **Lies** das Rezept für den Zaubertrank.

> Zuerst einen Liter Einhorntränen erhitzen.
> Dann einen Löffel Krötenschleim hinzugeben.
> Alles kräftig rühren.
> Mit Spinnenbeinen abschmecken.

 2 **Unterstreiche** nun die Verben in dem Rezept. Denk daran, Verben kannst du finden, indem du fragst: Was tut jemand?

 3 In welcher Form stehen die Verben im Text? Lies die Lernbox und **vervollständige** den Satz.

Die Verben in dem Rezept stehen im _____.

Der Infinitiv
Verben bezeichnen meistens eine **Tätigkeit**. Verben haben einen **Infinitiv** (= Grundform).
Im Infinitiv haben Verben die Endung **-en oder -n**. Wenn du die Grundform der Verben veränderst, nennst du das **Konjugation.**

Das kannst du dir merken

 4 **Vervollständige** das Zaubertrank-Rezept mit den Wörtern aus dem Wortspeicher.

Drei Gramm Käferfleisch in eine Pfanne _____.

Das Käferfleisch scharf _____.

Sieben Feenflügel _____.

Mit dem Mixer eine Minute lang _____.

300 Milliliter Ahornsirup in die Pfanne _____.

Den fertigen Trank in kleine Gläser _____.

hinzugeben • anbraten • schütten • geben • gießen • mixen

Heute zaubere ich – das Präsens

1 **Schau** dir den Baum an. Hier siehst du die Endungen des Tempus (Zeitform) Präsens.

2 **Ergänze** den Lückentext mit den Verben im Präsens.

Am frühen Morgen <u>erwacht</u> die kleine Fee. Sie _____

(sehen) aus dem Fenster. Draußen auf der Wiese _____ (spielen)

schon die Trolle. Die kleine Fee _____ (flitzen) in den Flur und zieht

sich schnell die Schuhe an. Dann _____ (laufen) sie aus dem Haus

auf die Wiese.

Die Trolle _____ (spielen) Paintball. Die Fee _____ (wollen) mit

Gnurf und Rurf in einem Team sein. Die drei _____ (treffen) zielsi-

cher die anderen Trolle. Es _____ (stehen) schon sieben zu zwei! _

_____ (glauben) du, dass die kleine Fee und ihre Freunde gewin-

nen werden?

Das Präsens

Mit dem **Präsens** machst du deutlich, dass etwas in der **Gegen-wart**, also jetzt gerade in diesem Augenblick, geschieht.
Ich **spiele** gerade Paintball mit der kleinen Fee.
Das Präsens kann auch etwas ausdrücken, das grundsätzlich so ist.
Eine Eule **jagt** nachts.

Das kannst du dir merken

Es waren einmal Drachen – das Präteritum

In Märchen liest man oft von Zauberwesen wie Drachen oder Einhörnern. Diese Wesen gibt es nicht und gab es nie. Trotzdem kennt sie jedes Kind. Wie kommt das?

1 **Unterstreiche** im Text alle Verben.

Angeblich bewachten Drachen große Goldschätze und entführten Prinzessinnen. Dabei gab es sie nie wirklich. Warum fürchteten sich Menschen trotzdem vor Drachen? Gab es sie doch? Schon vor über 2000 Jahren malten Chinesen sie auf Bildern und Ägypter glaubten an Schlangen mit Flügeln. Auch im Alten Testament kamen Drachen vor.

Das Präteritum

Mit dem **Präteritum** (einfache Vergangenheit) drückst du aus, dass etwas in der **Vergangenheit** passiert ist.
Die Zeitform wird genutzt, um **erfundene Geschichten** zu erzählen.

Das kannst du dir merken

2 **Setze** die Verben im Präteritum in den Text **ein**.

Unsere Vorstellung von Drachen _____ (entwickeln) sich

aus der Schlange. Schlangen _____ (sein) damals schon

gefährliche Tiere. Wenn sie einen Menschen _____ (beißen), _____ (tun) das sehr weh. So _____ (kommen)

es, dass die Menschen den Biss der Schlange mit Feuer in Verbindung

_____ (bringen). Die Menschen _____ (fürchten)

sich vor diesen Tieren und _____ (vorstellen) sie sich viel

schrecklicher _____, als sie _____ (sein). Aus

diesem Bild der Schlange _____ (werden) die Geschichte

des Drachen.

Das wird zauberhaft! – Das Futur

Kennst du schon den Flaschengeist Bubbel? Der Flaschengeist zaubert Wünsche zum Start an der neuen Schule. Wenn du an seiner Lampe reibst, lässt er deine Wünsche in Erfüllung gehen.

1 **Lies,** was der Flaschengeist Bubble für die Kinder der 5a gezaubert hat.

Die Klassenarbeit übermorgen wird einfach sein.

Du wirst spannende Dinge lernen.

Du wirst viele Freunde finden.

Du wirst deine Sportsachen nie wieder vergessen.

2 Die Kinder der 5a haben noch mehr Wünsche. **Vervollständige** die Wünsche mit Verben im Futur. Lies dazu die Lernbox.

Ich wünsche mir, dass ...

wir morgen Hitzefrei _____ (haben).

dieses Jahr niemand _____ (sitzenbleiben).

beim Sportfest die Sonne _____ (scheinen).

3 Sage dir selbst deine Zukunft voraus! Verwende dafür das Futur. **Schreibe** mindestens drei Sätze in dein Heft.

Das Futur

Das Futur drückt aus, dass etwas in der **Zukunft** stattfindet. Es steht manchmal mit Zeitangaben wie morgen, in einer Woche oder nächstes Jahr.
Das Futur wird mit einer Personalform von dem Verb **werden** und dem **Infinitiv** (der Grundform) des Verbs gebildet.

Das kannst du dir merken

Feuerfels sucht den Superdrachen – Adjektive steigern

Die Drachen von Feuerfels treten in zwei Wettkämpfen gegeneinander an. Du bestimmst, wer gewinnt.

1 Schneide die Wettkampf-Drachen am Rand aus und **klebe** sie auf ihren richtigen Platz auf dem Siegertreppchen.

am größten
größer
groß

am feurigsten
feuriger
feurig

2 **Schreibe** die richtige Steigerung für diese Adjektive **auf**. Achtung, manchmal verändert sich der Wortstamm!

leicht		
mutig		
kurz		

Adjektive steigern

Mit den verschiedenen Formen des **Adjektivs** kannst du Dinge miteinander **vergleichen**. Für die verschiedenen Formen gibt es Fachbegriffe:

Positiv: wild (So, wie etwas ist.)
Komparativ: wilder (Mehr als etwas anderes.)
Superlativ: am wildesten (Von allen am meisten.)

Meistens hängt man dafür –er und am + -sten an.
Manchmal verändert sich auch der **Wortstamm**.

Das kannst du dir merken

groß   größer   am größten

Es ist mein Einhorn – Personalpronomen und Possessivpronomen

1 **Schau** dir das Bild an. Welches Tier ist darauf abgebildet und welche Eigenschaften hat dieses Tier?

2 **Setze** die richtigen Personalpronomen in die Lücken **ein**.

Pflegeanleitung für Einhörner

Wenn du ein Einhorn hast, musst du gut darauf aufpassen. ___Es___ ist

ein sehr seltenes und altes Tier. _____ zählt zu den Zauberwesen.

_____ isst am liebsten Mondschein-Gras. Die Mähne des Einhorns

muss täglich gebürstet werden. Sonst verknotet _____. Wenn du

auf dem Einhorn reiten willst, musst du _____ einen Sattel auf den

Rücken legen. Der Sattel darf nicht rutschen. Du musst eine Decke un-

ter _____ legen.

Das Personalpronomen (persönliches Fürwort)
Das **Personalpronomen** kann ein Nomen ersetzen.
Das Einhorn hat eine silberne Mähne. Es sieht sehr schön aus.
Personalpronomen können im **Singular** oder im **Plural** stehen.

Das kannst du dir merken

	Singular:	Plural:
Erste Person	ich	wir
Zweite Person	du	ihr
Dritte Person	er / sie / es	sie

Personalpronomen stehen in verschiedenen **Kasus**.
Die Prinzessin hat ein Einhorn. Der Troll möchte es ihr stehlen.

3 Die Geschwister Melli und Max streiten sich um ihr Spielzeug-Einhorn. **Ergänze** die Possessivpronomen in dem Gespräch.

- ~~mein~~
- unsere
- ~~Meine~~
- euer
- meine
- dein
- mein

Melli: „Max, gib mir jetzt ___mein___ Einhorn wieder!"

Max: „Nein! Es ist nicht _____ Einhorn! Sondern _____ Einhorn!"

Melli: „Das stimmt überhaupt nicht. ___Meine___ Mama hat mir dieses Einhorn geschenkt! Frag doch _____ Mama!"

Max: „Wenn überhaupt, dann ist das _____ Mama und die hat das Einhorn uns geschenkt, dir und mir!"

Mama: „Streitet ihr schon wieder über _____ Einhorn?"

Das kannst du dir merken

Das Possessivpronomen (besitzanzeigendes Fürwort)
Das **Possessivpronomen** steht meistens als Begleiter des Nomens. Es zeigt an, dass jemandem etwas **gehört**.
Die Mähne des Einhorns ist lang. = Seine Mähne ist lang.
Possessivpronomen können im Singular oder im Plural stehen.

	Singular:	Plural:
Erste Person	mein	unser
Zweite Person	dein	euer
Dritte Person	sein / ihr / sein	ihr

Possessivpronomen stehen in verschiedenen **Kasus**.
Mein Einhorn hat eine Mähne. Die Mähne meines Einhorns glänzt.

4 Du kennst jetzt Personalpronomen und Possessivpronomen. **Setze** die richtigen Pronomen aus dem Wortspeicher in die Lücken **ein**. Die Farben helfen dir.

- sie • Sie
- sein •
- er • ihr

Jeder weiß, dass es Einhörner gar nicht wirklich gibt. _____ sind Fabelwesen. Aber immer wieder behaupteten Menschen, _____ gesehen zu haben. Sogar der berühmte Entdecker Marco Polo sagte das, als _____ in Afrika war. Aber _____ Einhorn war ein Nashorn! Heute sprechen manche Leute davon, Einhörner zu züchten. Es ist _____ Wunsch, ein echtes Einhorn zu haben.

Alles klar? – Teste dich selbst!

1 **Setze** für die Emoticons passende Wörter **ein**. Schreibe in dein Heft.

Nomen bezeichnen   , 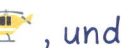 , und   .

2 **Unterstreiche** in dem Zauberspruch die Artikel, Nomen, Verben und Adjektive in unterschiedlichen Farben.

> Fledermaus schmeckt gut!
> Die Hexe hat einen bunten Hut!
> Ein Zombie mag kaltes Blut!

3 Bei diesen Verben fehlt die Personalform. **Trage** sie **ein**.

	ich	du	er / sie /es	wir	ihr	sie
Präsens	rühre	rühr____	rühr____	rühr____	rühr____	rühr____
Präteritum	zauberte	zauber___	zauber___	zauber___	zauber___	zauber___

4 Schaue in deine Zauberkugel und mache drei Vorhersagen über die kommende Woche. **Schreibe** in dein Heft.

> Nächste Woche wird es schneien. Nächste Woche wird …

5 Vergleiche die Hüte und Zauberstäbe der Zauberschüler. **Schreibe** in dein Heft.

> Sims Hut ist größer als Bims Hut. Sims Hut …

Die Bausteine des Satzes – Satzglieder kennen

1 Ein Satz besteht aus Bausteinen, den Satzgliedern. **Übertrage** die Wörter auf ein Blatt Papier und schneide sie aus. Wie viele sinnvolle Sätze kannst du legen?

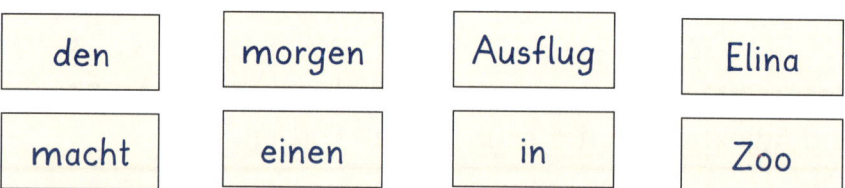

den	morgen	Ausflug	Elina
macht	einen	in	Zoo

2 Manche Wörter bleiben immer zusammen. **Markiere** die Wörter, die immer zusammenbleiben. Das sind die Satzglieder.

Das kannst du dir merken

Die Umstellprobe
Du erkennst, welche Wörter ein Satzglied bilden, durch die Umstellprobe. Wörter, die beim **Umstellen** immer zusammenbleiben, bilden ein **Satzglied.**
Sina geht gern in den Zoo. In den Zoo geht Sina gern.

3 Stelle den folgenden Satz um. Achte darauf, dass die Farben zusammenpassen. **Schreibe** in die Felder.

Erdmännchen faulenzen am liebsten in der Sonne.

4 Kannst du einen weiteren Satz aus den Satzgliedern in Aufgabe 3 bilden? **Schreibe** ihn in dein Heft.

Das lernst du in diesem Kapitel

In diesem Kapitel lernst du
- die wichtigsten Satzglieder kennen und
- wie du Satzglieder ermitteln kannst.

Was geschieht oder was tut jemand? – Das Prädikat bestimmen

1 Lies den Text. Was musst du fragen, um die unterstrichenen Wörter zu ermitteln? **Kreuze an**.

Elina und Clara <u>gehen</u> am Wochenende mit ihren Eltern in den Zoo. Sie <u>fahren</u> früh los, um möglichst viel Zeit zu haben. Claras Eltern <u>bezahlen</u> die Eintrittskarten.

☐ Wer oder was tut etwas?

☐ Wem passiert etwas?

☐ Was tut jemand?

Das Prädikat
Das **Prädikat** in einem Satz drückt aus, was **geschieht oder was jemand macht**. Es besteht aus Formen des **Verbs**.
Elina und Clara <u>gehen</u> in den Zoo.
Das Prädikat kann auch aus zwei Teilen bestehen. Das nennt man **Prädikatsklammer**.
Elina und Clara <u>fahren</u> morgen <u>weg</u>.

Das kannst du dir merken

2 **Unterstreiche** im folgenden Text die Prädikate.

Im Zoo <u>laufen</u> Elina und Clara sofort <u>los</u>. Zuerst gehen sie zu den Erdmännchen. Leider steht bereits eine lange Schlange vor dem Gehege. Plötzlich klaut ein frecher Affe das Futter. Elina und Clara haben es für die Erdmännchen mitgebracht.

3 **Ergänze** im folgenden Text die Prädikate aus dem Wortspeicher.

Claras Mutter <u>beobachtet</u> die Löwen. Plötzlich hört man, wie

die Löwen _____. Sie _____ nah an den Zaun. Clara

_____ schnell ein Foto des Löwen. „Ganz schön spannend,

so ein Ausflug!", _____ Clara.

- kommen
- brüllen
- findet
- ~~beobachtet~~
- macht

109

Wer oder was ...? – Das Subjekt bestimmen

 1 Elina erzählt in der Schule von ihrem Ausflug in den Zoo. **Lies** den Text.

Claras Eltern fuhren mit mir und Clara in den Zoo. Die Eintrittskarten haben Claras Eltern bezahlt. Clara wollte zuerst die Erdmännchen sehen.

 2 **Beantworte** die folgenden Fragen zu Elinas Bericht.

Wer fuhr mit Clara und Elina in den Zoo?

_____

Wer wollte zuerst die Erdmännchen sehen?

_____

Das kannst du dir merken

Die Subjektfrage

Wenn du das **Subjekt** im Satz ermitteln willst, fragst du „Wer oder was ...?". Stelle immer die ganze Subjektfrage: Der Zoo schließt um 18 Uhr. Subjektfrage: Was schließt heute um 18 Uhr? Antwort: **Der Zoo**. (= Subjekt des Satzes)

 3 Elinas Bericht geht noch weiter. **Ermittle** die Subjekte mit der Subjektfrage.

a) Wir waren bei den Erdmännchen.

Frage: Wer _____

Antwort: _____ (= Subjekt)

b) Da klaute ein frecher Affe uns das Futter.

Frage: Wer _____

Antwort: _____ (= Subjekt)

Das Erdmännchen bekommt <u>Futter</u>. – Das Akkusativobjekt kennenlernen

1 Einige Schüler aus der 5a stellen ihre Lieblingstiere und deren typische Eigenschaften vor. **Lies** den Text.

Alex: „Ein Löwe hat sehr große Zähne."
Sophia: „Affen essen am liebsten Bananen."
Anna: „Ich füttere im Streichelzoo gern die Ziegen."

2 Beantworte die Fragen. **Kreuze** dazu die richtige Antwort **an**.

a) Was hat ein Löwe?

☐ einen Affen ☐ sehr große Zähne ☐ Bananen

b) Was essen Affen am liebsten?

☐ Bananen ☐ Kräuter ☐ Äpfel

c) Wen füttert Anna gern im Streichelzoo?

☐ die Affen ☐ den Esel ☐ die Ziegen

Das Akkusativobjekt
Wenn du das **Akkusativobjekt** im Satz ermitteln willst, fragst du „Wen oder was ...?".
Robben essen gern Fisch. Frage: Was essen Robben gern? Antwort: **Fisch**. (= Akkusativobjekt)

Das kannst du dir merken

3 **Ermittle** die Akkusativobjekte mit der Satzgliedfrage.

a) Die Klasse 5a plant einen Ausflug in den Zoo.

Frage: Was plant _____

Antwort: _____ (= Akkusativobjekt)

b) Jeder Schüler kann verschiedene Tiere beobachten.

Frage: Wen kann _____

Antwort: _____ (= Akkusativobjekt)

Der Pfleger brachte dem Tiger das Futter. – Das Dativobjekt kennenlernen

1 **Ergänze** die Lücken mit Wörtern aus dem Wortspeicher.

Der Tierpfleger brachte _____ sein Futter.
Danach erzählte er _____ eine interessan-
te Geschichte über Erdmännchen. Anschließend durften wir
_____ Futter geben. Zuletzt musste der Tierpfleger auch _____, zum Beispiel den Vögeln,
ihr Futter bringen.

unserer Klasse • den Erdmännchen • dem Tiger • den anderen Tieren

2 Was musst du fragen, um die Begriffe in den Lücken zu ermitteln? **Kreuze an**.

☐ Wer oder was?   ☐ Wen oder was?
☐ Was tut jemand/Was geschieht?   ☐ Wem?

Das Dativobjekt
Wenn du das **Dativobjekt** im Satz ermitteln willst, fragst du
„Wem ...?".
Der Pfleger bringt dem Tiger das Futter. Frage: Wem bringt der
Pfleger das Futter? Antwort: **Dem Tiger**. (= Dativobjekt)

Das kannst du dir merken

3 **Ermittle** die Dativobjekte mit der Satzgliedfrage.

a) Die Tierärztin gibt dem Tierpfleger einen Rat.
Frage: Wem gibt _____
Antwort: _____ (= Dativobjekt)

b) Clara darf dem Elefanten einen Apfel zuwerfen.
Frage: Wem darf _____
Antwort: _____ (= Dativobjekt)

Wo und wann ...? – Adverbiale Bestimmungen der Zeit und des Ortes kennenlernen

1 Was musst du fragen, um die unterstrichenen Satzglieder zu ermitteln? **Kreuze an**.

Gestern war die Klasse 5a im Zoo. Sie hatten den Ausflug mehrere Tage geplant. Der Ausflug in den Zoo dauerte vier Stunden.

☐ Wer oder was?   ☐ Wann?/Wie lange?   ☐ Wo?

2 Welche Frage kannst du stellen, um die unterschiedlichen Satzglieder zu ermitteln? **Schreibe** auf die Linie.

Die Klasse war das erste Mal zusammen im Zoo. Clara wollte zuerst zum Gehege der Erdmännchen gehen. Cem ging als erstes zum Käfig der Löwen. Die Klasse hatte Spaß, sodass keiner so schnell nach Hause wollte.

_____

Die adverbiale Bestimmung der Zeit und des Ortes

Du kannst mit **adverbialen Bestimmungen** angeben, **wann** und **wo** etwas passiert.

Adverbiale Bestimmungen der Zeit kannst du mit diesen Satzgliedfragen ermitteln: Wann? Wie lange? Seit wann?
Gestern waren wir im Zoo. Frage: Wann waren wir im Zoo?
Antwort: **Gestern.** (= Adverbiale Bestimmung der Zeit)
Adverbiale Bestimmungen des Ortes kannst du mit diesen Satzgliedfragen ermitteln: Wo? Wohin?
Gestern waren wir im Zoo. Frage: Wo waren wir gestern?
Antwort: **Im Zoo.** (= Adverbiale Bestimmung des Ortes)

Das kannst du dir merken

3 **Schreibe** in die Lücken, ob das unterstrichene Satzglied eine adverbiale Bestimmung der Zeit oder des Ortes ist.

Der Zoo befindet sich in Hannover (Ort). Marie hat gestern (_____) Informationen zu dem Zoo herausgefunden. Nächstes Jahr (_____) will die Klasse 5c in den Zoo (_____) fahren.

Warum und wie ...? – Adverbiale Bestimmungen des Grundes und der Art und Weise kennenlernen

1 Cem berichtet von seinem Zoobesuch. **Beantworte** die folgenden Satzgliedfragen.

> Wegen der Fütterung liefen alle Löwen herum. Die Löwen liefen wild durcheinander. Sie brüllten sehr laut.

Warum liefen alle Löwen herum? _____

Wie liefen die Löwen? _____

Wie brüllten die Löwen? _____

Das kannst du dir merken

Adverbiale Bestimmungen des Grundes und der Art und Weise

Du kannst mit **adverbialen Bestimmungen** angeben, **warum** und **wie** etwas passiert.

Adverbiale Bestimmungen des Grundes kannst du mit dieser Satzgliedfrage ermitteln: Warum passiert etwas?
Wegen des Hungers wurde die Katze unruhig.
Satzgliedfrage: Warum wurde die Katze unruhig? Antwort:
Wegen des Hungers. (= Adverbiale Bestimmung des Grundes)
Adverbiale Bestimmungen der Art und Weise kannst du mit dieser Satzgliedfrage ermitteln: Wie passiert etwas?
Wir gingen glücklich nach Hause.
Satzgliedfrage: Wie gingen wir nach Hause? Antwort:
Glücklich. (= Adverbiale Bestimmung der Art und Weise)

2 **Setze** im folgenden Text adverbiale Bestimmungen der Art und Weise **ein**. Arbeite mit dem Wortspeicher.

- sicher
- wild
- sorgfältig
- interessant

Die Klasse bereitete den Ausflug _____ vor. Der

Busfahrer fuhr die Klasse _____ in den Zoo. Im Vogelhaus

flogen die Vögel _____ umher. Die Klasse fand, dass der

Zoobesuch sehr _____ war.

Alles klar? – Teste dich selbst!

1 Welches Satzglied ermittelst du mit der Frage „Wer oder Was?"? **Kreuze an**.

☐ Prädikat ☐ Akkusativobjekt

☐ Subjekt ☐ adverbiale Bestimmung des Ortes

2 Wie fragst du nach dem Akkusativobjekt? **Schreibe** auf die Linie.

_____

3 Bestimme die unterstrichenen Satzglieder. **Kreuze an.**

Der Zoodirektor fördert <u>den Tier-schutz</u>.	☐ Subjekt ☐ Akkusativobjekt
<u>Er</u> hilft auch den Tierpflegern.	☐ Dativobjekt ☐ Subjekt
Der Zoodirektor begrüßt <u>gern</u> Schulklassen in seinem Zoo.	☐ Prädikat ☐ adverbiale Bestimmung der Art und Weise
<u>Wegen der exotischen Tiere</u> freuen sich Schulklassen auf den Zoobesuch.	☐ Subjekt ☐ adverbiale Bestimmung des Grundes
Natürlich <u>kennt</u> der Zoodirektor jedes Tier.	☐ Prädikat ☐ adverbiale Bestimmung des Ortes

4 Bestimme die unterstrichenen Satzglieder. **Schreibe** auf die Linie.

<u>Nach den Ferien</u> (_____) fährt <u>die Klasse 5c</u>
(_____) in den Zoo. <u>Letzte Woche</u>
(_____) haben sie sich über die Preise
informiert. <u>Herr Meyer</u> (_____) bringt
<u>morgen</u> (_____) <u>eine Karte des Zoos</u>
(_____) mit. <u>Am Freitag</u> (_____)
<u>schauen</u> (_____) sie <u>einen Film über Erdmännchen</u>
(_____) in der Schule.

115

Tierwelten – richtig schreiben und Satzzeichen setzen

Haust●●re sind in Deutschland sehr bel●●bt. Mehr als die Hälfte der deutschen Bevöl●●erung hat ein Haustier.
Welche Tiere sind die Lieblingstiere der Deutschen? Ka●●en oder Hu●●e? In 2017 waren Katzen auf Pla●● eins. Hunde erreichten Platz zwei. Aber auch Kaninchen Ha●●er, Vögel und Rept●●lien waren gerne gesehen.

1 Versuche, den Text oben zu lesen. Das ist nicht leicht. **Erkläre**, warum es dir schwerfällt.

 **2** **Schreibe** den Text in dein Heft. Setze statt der Flecken die richtigen Buchstaben ein.

3 Hast du ein Haustier? **Schreibe** einen kurzen Text über ein Haustier, das du hast oder gern hättest, in dein Heft.

In diesem Kapitel lernst du
- die richtige Schreibung verschiedener Laute,
- wie du Satzanfänge und Nomen schreibst und
- Regeln der Zeichensetzung.

Das lernst du in diesem Kapitel

Honigbienen und Flamingos – Wörter mit kurz und lang gesprochenen Vokalen unterscheiden

1 **Lies** den Text über Bienen.

Die Honigbiene ist ein <u>Nutztier</u> des Menschen. <u>Bienen</u> leben in Kästen, die Imker aufstellen. Imker <u>halten</u> und züchten Bienen, um <u>Honig</u> zu bekommen. Die Bienenkönigin ist die <u>Mutter</u> aller Bienen. Bienenkästen stehen auf Feldern mit blühenden <u>Blumen</u>. Die Bienenkästen haben <u>Deckel</u>. Die Bienen sammeln den <u>Pollen</u> von <u>Blüten</u>.

2 **Sprich** die unterstrichenen Wörter deutlich aus. Du kannst sie dir auch anhören.

 Audio
WES-127533-018

3 Ist der betonte Vokal in den unterstrichenen Wörtern lang oder kurz gesprochen? **Trage** die Wörter in die richtige Spalte **ein**.

Lang gesprochene Vokale	Kurz gesprochene Vokale
Bienen, _____	_____
_____	_____

4 Sprich die Wortpaare laut und deutlich aus. **Unterstreiche** die Wörter, bei denen der Vokal lang gesprochen wird. Du kannst sie dir auch anhören.

 Audio
WES-127533-019

Beet – Bett • offen – Ofen • Schal – Schall •
denn – den • Kamm – kam • füllen – fühlen

5 Sprich die Wörter aus dem Wortspeicher laut oder höre sie dir an. **Unterstreiche** die Vokale, die lang gesprochen werden.

Audio
WES-127533-020

Hase • Fisch • Ratte • Lurch • Erdmännchen • Kamel • Dackel •
Adler • Igel • Vogel • Raabe • Flamingo • Hund • Katze • Wal •
Nashorn • Kuh • Tiger • Biber • Otter • Delfin

Osterlamm – Wörter mit Doppelkonsonanten richtig schreiben

 1 **Lies** den Text.

Das Osterlamm

Kennst du das auch? Zu Ostern backen viele Familien gern ein Osterlamm.
Das ist ein süßer Kuchen in der Form eines Lamms. Er wird mit Puderzucker bestreut und auf einem schönen Teller serviert.
Ostern verbringen viele Leute mit den Menschen, die sie liebhaben. Sie treffen sich und essen zusammen. Viele färben Eier und verstecken sie im Garten.

 Audio
WES-127533-021

2 **Sprich** die unterstrichenen Wörter ganz schnell aus. Wie viele Konsonanten (= Mitlaute) hörst du nach dem betonten Vokal (= Selbstlaut)? Du kannst sie dir auch anhören.

 3 Sprich die Wörter im Wortspeicher deutlich und laut. **Schreibe** sie mit Silbenbogen auf.

> brummen • stellen • summen • Suppe • Sonne • muss • wollen • bellen • Gruppe • sollen • Nuss • Pfeffer • Neffen

 4 **Bilde** aus dem Wortstern so viele Wörter wie möglich. Schreibe sie in dein Heft.

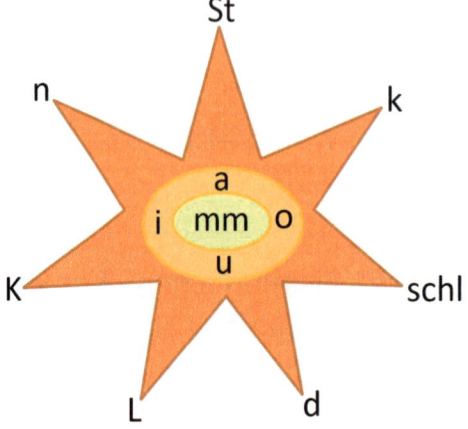

Dackel und Katze – Wörter mit ck und tz richtig schreiben

1 **Sprich** die Wörter im Wortspeicher laut und deutlich. Du kannst sie dir auch anhören.

> sitzen • Decke • Katze • Tatze •
> Zecke • Schmutz • kratzen •
> flitzen • schlucken • Dackel • Ecke •
> Schnecke • Spatz

🌐 Audio
WES-127533-022

2 **Unterstreiche** die Wörter, die mit ck geschrieben werden, mit einer Farbe. Unterstreiche Wörter, die mit tz geschrieben werden, mit einer anderen Farbe.

3 Übertrage die Tabelle in dein Heft und **trage** die Wörter in die richtige Spalte **ein**.

ck	tz

Wörter mit ck und tz nach kurzem betontem Vokal
Die Laute **k** und **z** werden **nicht verdoppelt**. Nach einem **kurzen betonten Vokal** wird der k-Laut mit **ck** und der z-Laut mit **tz** geschrieben.
Spi**tz**e, ha**ck**en, Da**ck**el, Ka**tz**e
Der k-Laut und der z-Laut werden mit k und z geschrieben, wenn vor ihnen noch ein anderer **Konsonant** steht.
wi**nz**ig, Pe**lz**, Ar**zt**

Das kannst du dir merken

4 Lies die Lernbox und entscheide, ob die Wörter mit k oder ck geschrieben werden. **Vervollständige** die Wörter.

Im____er • Bä____er • schlan____ • He____e • Quar____ • Zu____er

Winzige Igel , nützliche Tiere – Konsonanten nach kurzem Vokal richtig schreiben

 1 **Lies** den Text über Igel. Hast du schon mal einen Igel gesehen?

Igel sind Säugetiere. Sie leben meistens in <u>Hecken</u>. Dort <u>bringen</u> sie ihre <u>Kinder</u> zur <u>Welt</u>. Bei der Geburt haben die winzigen Igel etwa 100 <u>Stacheln</u>. Ein großer Igel hat 5000-7500 Stacheln. Er setzt sie gegen Feinde ein. Das zeigt meistens <u>Wirkung</u>. Wenn ein Feind versucht, den Igel zu beißen, <u>verletzt</u> er sich an den Stacheln. Der Igel ist ein <u>nützliches</u> Tier. Er <u>frisst</u> gern <u>Schnecken</u> und andere kleine Tiere, die Gemüse und Blumen <u>kaputt</u> machen. Meistens siehst du den Igel in der Dämmerung. Fasse ihn bitte <u>nicht</u> an! Sonst <u>stellt</u> er seine Stacheln auf. Das kann weh tun.

🌐 **Audio**
WES-127533-023

2 **Sprich** die unterstrichenen Wörter laut und deutlich aus. Wie viele Konsonanten hörst du nach dem kurzen betonten Vokal?

 3 Schau dir diese Wörter genauer an. **Setze** einen Punkt unter den kurzen betonten Vokal.

Hecken	Kinder	frisst	stellt
Schnecken	verletzt	Wirkung	Stacheln

 4 **Kreise** nun die Konsonanten **ein**, die man nach dem kurzen betonten Vokal hört.

Das kannst du dir merken

Wörter mit kurzem Vokal richtig schreiben
Wenn der **betonte Vokal kurz gesprochen** wird, musst du dir ein paar Regeln dafür merken, wie du die Konsonanten danach schreibst.
Wenn du nur einen Konsonanten hörst, schreibst du ihn meistens **doppelt**.
So**nn**e, La**mm**, Fe**ll**
Wenn du zwei oder mehrere Konsonanten hörst, werden sie meistens nicht verdoppelt.
Ho**rn**, Wu**rf**, Wi**nt**er

Auf der Wiese und am See –
Wörter mit langem Vokal richtig schreiben

1 **Schreibe auf**, was du auf dem Bild erkennen kannst.

2 **Vervollständige** den Text über die Tiere auf der Wiese.

Auf der W___se kannst du v___le versch___dene T___re und Pflanzen entdecken. B___nen summen in den Blüten der Bl___men. Überall bl__hen R___sen und Tulpen. Im S___ schwimmen bunte Fische
und ___le schängeln sich durch das Wasser. H___r ist es viel
sch__ner als im Z____!

Wörter mit langem Vokal richtig schreiben
Manchmal werden **lang gesprochene Vokale** in Wörtern nicht
besonders gekennzeichnet.
Bl**u**me, H**o**nig, H**a**se
Viele Wörter mit **langem i-Laut** werden mit ie geschrieben.
Fl**ie**ge, B**ie**ne, T**ie**r
Manche Wörter mit langem i-Laut schreibt man mit i oder ih.
ihr, **I**gel, w**i**r

**Das kannst
du dir merken**

3 **Bilde** aus dem Silbenrätsel so viele Wörter wie möglich

Blu • me • Krö • te • Ro • se • Rü • be • Ra • sen • Ha • Flie • ge • Blü

4 **Finde** Reimwörter für die Wörter aus Aufgabe 3. Schreibe sie in
dein Heft.
Rose – Dose

Huhn, Hahn, Kohl – Wörter mit Dehnungs-h richtig schreiben

1 **Schau** dir die Bilder an. Welchen dieser Gegenstände kannst du nicht auf einem Bauernhof finden?

2 Welche Gemeinsamkeit haben die Wörter oben? Achte auf die Vokale. **Vervollständige** den Satz.

Alle Wörter haben ein _____ nach dem Vokal.

3 **Verbinde** die Satzteile zu sinnvollen Sätzen.

Das Huhn ——————————▶ frisst den Kohl.

Die Bahn   weht im Wind.

Die Fahne   fährt ab.

4 **Schreibe** die Sätze in dein Heft.

5 Schau dir die Wörter an. **Unterstreiche** die Buchstaben, die in jedem Wort auftauchen.

fühlen • fühlst • Fühler • fühlend • Gefühl • fühlte

6 Finde möglichst viele Wörter zu diesen Wortstämmen. **Schreibe** sie **auf**.

kühl- • lehr- • fahr-

Wie eine Fledermaus fliegen kann – Satzanfänge und Nomen großschreiben

1 | **Lies** den Text.

fledermäuse sind echte überflieger. ihre flügel bestehen aus einer feinen haut und sind wie ein segel. bei der jagd kann die fledermaus ihren flug an jede neue situation anpassen. sie schwingt sich elegant durch die luft. fledermäuse jagen in der nacht. da ist es dunkel, aber die fledermaus fliegt so sicher, dass manche beobachter glauben, sie könnte im dunkeln sehen. tatsächlich hat die fledermaus eine besondere technik. mit dieser technik kann die fledermaus ihre beute und gefährliche hindernisse erkennen.

2 | In dem Text sind alle Wörter kleingeschrieben. **Markiere** die Wörter, die du großschreiben musst. Die Lernbox hilft dir.

3 | **Schreibe** den Text mit der richtigen Großschreibung in dein Heft.

Nomen und Satzanfänge großschreiben
Nomen werden immer großgeschrieben.
Nomen bezeichnen Personen, Pflanzen, Tiere, Gegenstände und Gefühle oder Vorstellungen.
Du erkennst Nomen an ihren **Begleitern**:
Artikel: die Fledermaus, eine Höhle
Präpositionen mit versteckten **Artikeln**: im Frühling
Adjektive: schnelle Raubtiere
Pronomen: ihre Beute
Mengenangaben und **Zahlwörter**: viele Nächte

Satzanfänge schreibst du immer groß.

Das kannst du dir merken

Katzen, Koffer und ein aufregender Urlaub – das Komma in Aufzählungen richtig setzen

 1 **Lies** den Text.

Katzen sind Überlebenskünstler

Ein Kater mit dem Namen Mateo wollte nicht allein zu Hause bleiben. Er sprang unbemerkt in den Koffer seiner Besitzerin. Er versteckte sich zwischen Hosen, Röcken, Pullovern und Schuhen. So flog der Kater im Koffer mit nach Spanien. Im Hotel sprang er aus dem Koffer. Die Besitzerin war sehr froh.

 2 Finde alle Kommas im Text und **unterstreiche** sie.

Das kannst du dir merken

Kommas in Aufzählungen
Aufzählungen von Wörtern oder Wortgruppen werden durch ein **Komma** voneinander getrennt.
Ein Hamster braucht Futter, Wasser, Pflege und Beschäftigung.
Vor den Wörtern **und**, **oder** und **sowie** steht bei Aufzählungen kein Komma.
Ich habe einen Hamster **und** ein Meerschweinchen.

  3 In diesem Text fehlen die Kommas. **Setze** sie **ein**. Die Lernbox hilft dir dabei.

Im Spanienurlaub entdeckte eine Tierfreundin einen streunenden Kater am Straßenrand. Sie war mit ihrem Kater Mateo im Auto unterwegs. Der Kater war abgemagert und sah ganz krank aus. Die Urlauberin stieg aus ihrem Auto rief den Kater und lockte ihn mit Wurstscheiben. Er war sehr zutraulich und schmiegte sich an sie. Sie nahm den Kater auf brachte ihn zum Tierarzt und schließlich mit nach Deutschland. Der kleine Kater bekam den Namen Gato und freundete sich schnell mit dem Kater seiner neuen Besitzerin an.

Aussagen, Fragen, Aufforderungen – Satzarten unterscheiden

In diesem Comic siehst du Calvin, einen sechsjährigen Jungen, und einen Stofftiger Hobbes. Für Calvin ist Hobbes lebendig.

1 **Markiere** die Satzzeichen in dem Comic.

2 **Ordne** die Sätze aus den Bildern 1, 2 und 4 in diese Tabelle.

Aussagesätze	Fragesätze	Aufforderungssätze

Satzarten kennen

Aussagesätze enthalten Informationen, Behauptungen und Aussagen. Am Ende steht ein Punkt.
Fragesätze enthalten Fragen. Am Ende steht ein Fragezeichen.
Aufforderungssätze enthalten Befehle oder Anweisungen. Am Ende steht ein Ausrufezeichen.
Ausrufe sind Ausdrücke von Gefühlen oder Emotionen. Am Ende steht ein Ausrufezeichen.

Das kannst du dir merken

3 In Bild 3 steht KNIRSCH! Was bedeutet das? **Kreuze an**.

☐ Das Geräusch, das Calvin beim Hinfallen macht.

☐ Das Geräusch, das Hobbes macht, wenn er brüllt.

Calvin und Hobbes – die Zeichen bei der wörtlichen Rede richtig setzen

In diesem Comic siehst du Calvin, einen sechsjährigen Jungen, und einen Stofftiger Hobbes. Für Calvin ist Hobbes lebendig.

1 Milan erzählt Tülay, was in dem Comic passiert. **Setze** die richtigen Satzzeichen **ein**. Lies dafür die Lernbox.

Calvin rast auf Rollschuhen den Berg runter. _Hobbes, schnell!_ _

ruft er_ _Wie bremse ich?_ Hobbes ruft ihm zu_ _Bieg in einen

Kiesweg ein und lass dich fallen!_ Calvin kracht so doll in den

Kiesweg, dass der Kies hochfliegt. Calvin ist jetzt dreckig und

hat sich weh getan. _War ja nur ein Vorschlag_ _ sagt Hobbes.

Das kannst du dir merken

Die Zeichensetzung bei der wörtlichen Rede
Am **Beginn** der wörtlichen Rede setzt du **Anführungszeichen unten „**.
Am **Ende** der wörtlichen Rede setzt du **Anführungszeichen oben "**.
Der **Redebegleitsatz** kann **vor** der wörtlichen Rede stehen, dann trennst du ihn mit einem **Doppelpunkt** ab.
Calvin murmelt**:** „Toller Vorschlag."
Der Redebegleitsatz wird mit **Kommas** abgetrennt, wenn er **hinter** der wörtlichen Rede oder **zwischen** der wörtlichen Rede steht.
„So schnell, wie du fährst"**,** sagte Hobbes**,** „musste das ja passieren."
Wenn die wörtliche Rede ein Aussagesatz ist, lässt du den Punkt weg.
„Sei nicht sauer"**,** sagte Hobbes. „Und ob ich sauer bin!"**,** rief Calvin.

Alles klar? – Teste dich selbst!

1 Entscheide, ob die Wörter mit k oder ck geschrieben werden. **Vervollständige** die Wörter.

Tierpar___ • Inse__ten • gu_____en • Eintritts_____arte • Ru___sa___

2 In diesem Text fehlt die richtige Großschreibung. **Markiere** die Wörter, die du großschreiben musst.

wenn du eine aufgewühlte stelle im waldboden findest, ist vielleicht gerade ein wildschwein vorbeigekommen. sie graben nach kleinen insekten und glitschigen würmern. wildschweinen schmecken auch viele pilze.

3 **Schreibe** den Text mit der richtigen Großschreibung ab.

4 **Setze** die fehlenden Kommas in der Aufzählung richtig.

Bartok hat im Tierpark viel erlebt. Er hat Wildschweine Rehe und Greifvögel gesehen. Die Waschbären durfte er sogar füttern. Sie fressen gern Nüsse und Rosinen.

5 Bartok erzählt Helena von seinem Ausflug in den Tierpark. **Setze** die Satzzeichen der wörtlichen Rede.

_Du glaubst nicht, was passiert ist!__ erzählt Bartok aufgeregt. _Heute war ich im Tierpark__ sagt er_ _und ein Waschbär hat mir meine Eintrittskarte geklaut._ Helena fragt verwundert_ _Wie ist denn das passiert?_ _Ich hatte Nüsse in meiner linken Hosentasche__ erklärt Bartok_ _und in der rechten meine Fahrkarte. Als die linke Hosentasche leer war, hat der Waschbär in meine rechte geguckt. Da hat er die Karte dann rausgezogen._

Textquellen

S. 15, 18: **Sterntaler**. (Nacherzählung); S. 19: **Die Wassernixe**. (Nacherzählung);
S. 21: **Der süße Brei**. Brüder Grimm, aus: Kinder- und Hausmärchen. Gesammelt durch die Brüder Grimm. Vollständige Ausgabe, hg. von Heinz Rölleke, Insel Verlag, Frankfurt/M, 2007. (verändert); S. 23: **Der Wolf und die sieben Geißlein**. Brüder Grimm, aus: Kinder- und Hausmärchen. Gesammelt durch die Brüder Grimm. Vollständige Ausgabe, hg. von Heinz Rölleke, Insel Verlag, Frankfurt/M, 2007. (verändert); S. 27, Lösungen S. 3: **Frühlinter**. James Krüss, aus: Der wohltemperierte Leierkasten. Verlagsgruppe Bertelsmann GmbH/Bertelsmann Jugenbuchverlag, Gütersloh, 1961.; S. 31, 32, Lösungen S. 3: **Wenn die Möpse Schnäpse trinken**. James Krüss, aus: Schmurgelstein so herzbetrunken, hg. von Hans Adolf Halbey, © dtv Verlagsgesellschaft, München, 2001.; S. 33: **Maler Frühling**. Heinrich Hoffmann von Fallersleben, aus: Gedichte und Lieder, hg. von Ulrich Völker, Weimarer Verlagsgesellschaft, Wiesbaden, 2014, S. 137.; S. 35: **Die Frühlingssonne**. Christine Busta, aus: Die Scheune der Vögel, Salzburg: Otto Müller, 1958.; S. 37: **Die Fundnudel**. Andreas Steinhöfel, aus: Rico, Oskar und die Tieferschatten, Carlsen Verlag, Hamburg, 2008, S. 31 – 38. (verändert); S. 43: **Oskar kommt zu Besuch**. Andreas Steinhöfel, aus: Rico, Oskar und die Tieferschatten, Carlsen Verlag, Hamburg, 2008, S. 64f., 68, 89f.; S. 52: **Medien: Wie lief Kommunikation früher?** Aus: https://www.kindersache.de/bereiche/wissen/medien/wie-lief-kommunikation-frueher [12.11.2020] (verändert); S. 55: **Der Weltraum und unser Sonnensystem**. Aus: https://www.demokratiewebstatt.at/thema/thema-wem-gehoert-der-weltraum-der-weltraum-was-ist-das-das-universum-begreifen [12.11.2020] (verändert); S. 58: **Die erste Mondlandung**. Aus: https://www.br.de/kinder/mondlandung-ein-grosser-schritt-fuer-die-menschheit-kinder-lexikon-100.html, Olga-Luise Dommel, Nicole König, Veronika Baum, BR Kinder, Bayerischer Rundfunk, München, 17.07.2019 [12.11.2020] (verändert); S. 59: **Außerirdisches Leben**. Aus: https://kinder.wdr.de/tv/neuneinhalb/mehrwissen/lexikon/a/lexikon-ausserirdisches-leben-100.html [12.11.2020] (verändert); S. 78: **Die Elterntauschzentrale**. Nacherzählung nach Annette Fischer, aus: Texte für junge Spieler 233. Deutscher Theater Verlag, Weinheim, 2014, S. 2 – 3.

Bildquellen

|Alamy Stock Photo (RMB), Abingdon/Oxfordshire: Alexlukin 48. |Art Explosion, Calabasas, CA: 122. |Astrofoto, Sörth: NASA 61; Shigemi Numazawa 59. |Berghahn, Matthias, Bielefeld: 6, 8, 13, 14, 15, 16, 19, 21, 37, 38, 39, 41, 43, 45, 73, 84, 89, 90, 92, 94, 96, 97, 99, 102, 103, 104, 105, 106, 107, 108, 109, 111, 112, 113, 114, 115, 121. |Blinde Kuh e.V. / www.blinde-kuh.de, Hamburg: 50, 51. |Bonin, Katharina, Braunschweig: 46, 87, 88, 90, 91, 93. |Bulls Pressedienst GmbH, Frankfurt am Main: © Watterson/Distr. Universal Uclick/Distr. Bulls 125, 126. |Erich Ohser - e.o.plauen: Vater und Sohn, Der tapfere Schneemann 71; Vater und Sohn, Der verlorene Sohn 65, 66, 67, 68, 69. |fotolia.com, New York: Alexander Raths 75; bigemrg 117; DeVlce 7; pete pahham 75; Picture-Factory 75; vektorisiert 7. |Grigo, Pe, Bielefeld: 124. |Hönisch Jurado, Lena, Hannover: www.BesserBasteln.de, Marmorierte Kerzen 83; www.BesserBasteln.de, Papprollen-Biene 82, 83. |iStockphoto.com, Calgary: A_Lein 118; alex_ugalek 83; FatCamera 62; LSOphoto 62; malerapaso 48; Ridofranz 62; Tom Brown 48; Voren1 116. |Kalch, Franziska, Gornau: 122. |Kassing, Reinhild, Kassel: 23, 24, 98, 101. Lehnhof, Ingo, Braunschweig: Foto Andreas Steinhöfel: Intro, Berlin / Martin Lengemann. Illustartion und Cover: Carlsen Verlag, München. (c) 2008. Aus: Andreas Steinhöfel. Rico, Oskar und die Tieferschatten. Mit Illustrationen von Peter Schössow 46 |mauritius images GmbH, Mittenwald: imageBROKER 127. |Naumann, Andrea, Aachen: 19, 25, 27, 28, 30, 31, 32, 35, 52, 76, 77, 78, 79, 81, 100. |OKAPIA KG - Michael Grzimek & Co., Frankfurt/M.: Reinhard, Hans 119. |Picture-Alliance GmbH, Frankfurt/M.: Landkreis Fulda/Bogon, Klaus 123; ZB/Pleul, Patrick 120. |Schäfer, Anke, Laubach: 26, 27, 33. |Schäfer, Jutta, Euskirchen: 75. |Schnecker, Ines: 83, 86, 118. |Schössow, Peter, Hamburg: aus: Andreas Steinhöfel: Rico, Oskar und die Tieferschatten, Carlsen Verlag GmbH, Hamburg 2016 36, 46. |Shutterstock.com, New York: Castleski 58; Pavel L Photo and Video 74. |stock.adobe.com, Dublin: 107; 5second 83, 87; Alrandir 87; Belkin & Co 83; Björn Wylezich 99; Brocreative 62; Delyk, Oleksandr 48; Georghiou, Christos 55; gunnar3000 48; Hoppe, Sven 48; Kellerkind 7; Kzenon - 10; misskaterina 83; Schäfer, Elvira 48; Scott Griessel 74; sorapop 87; streptococcus 107; TOMO 83, 87; Zerbor 48. |Verlag Friedrich Oetinger GmbH, Hamburg: Astrid Lindgren: Ronja Räubertochter, Hamburg 1982 (ISBN 978-3-7891-2940-7) 36. |Wefringhaus, Klaus, Braunschweig: 87.